사랑하고 있기 때문에

사랑하고 있기 때문에

세상에 맞서는
NGO 활동가 18명의 진심

문세경 인터뷰집

삶우

세상이 좋아지기를 바라는 사람들에게 권합니다

우석훈(《88만원 세대》 저자, 성결대학교 교수)

한국사회의 최전선과 최후방에는 시민단체가 있다. 학교급식을 비롯해서 많은 정책이 실험적으로 처음 만들어지는 곳이 시민단체이다. 장애인, 상처받은 이주노동자, 쉼터가 필요한 폭력 피해자들을 사회의 후방에서 보듬어주는 곳도 시민단체다. 그리고 이런 단체들을 움직이는 사람들이 활동가들이다. 우리에게 잘 드러나지 않는 이 숨은 일꾼들의 번아웃에 가까운 삶, 그렇지만 보람으로 현장을 지키는 그들의 삶, 그들의 치열하고 아기자기한 모습이 문세경의 정감 어리고 따뜻한 인터뷰와 함께 처음으로 대중에게 그 본모습을 드러내게 되었다.

코로나 이후의 세상이 좋아지기를 희망하는 사람들에게 권해주고 싶다. 다른 사람을 위해서 사는 삶도 충분히 보람 있고 재밌다. 그 길에는 보람과 우정 그리고 생동감이 있다. 물론 때로 너무 큰 벽 앞에서 좌절하기도 하지만, 살아볼 만한 인생이라는 것을 알게 될 것이다. 성숙한 시민사회, 말로만 듣던 그 미래를 위해서 이 책을 권하고 싶다.

세상의 벽을 허무는 열여덟 편의 사랑 노래

이성우(전국공공연구노동조합 위원장)

당신이 평소 불편하게 생각하던 관행이나 제도가 있다고 하자. 당신은 아무 일도 하지 않았는데 어느 날 그것이 폐지되거나 개선되었다면 어떻게 된 일일까? 사람이 사는 세상은 결코 저절로 바뀌지 않는다. 그 일을 이루기 위해 모든 것을 바친 사람들이나 단체들이 분명히 있다. 그렇게 자신을 드러내지 않고 저마다의 영역에서 사람이 사람답게 사는 세상을 만들기 위해 싸우는 사람들을 활동가라고 부른다.

활동가들은 차별, 혐오, 편견, 비리 등 세상의 온갖 부조리와 악법에 맞서 최전선에서 싸운다. 그들의 일상과 고충을 알기는 쉽지 않다. 그들이 함께 싸우고 있는 사회적 약자들의 요구가 언제나 우선이다. 그들이 바꾸려고 하는 악법과 낡은 제도의 문제점을 설득하는 것이 더 중요하다. 자신이 쓸모가 있다고 생각하면 어디라도 가고 어떤 일이라도 하면서도 재충전과 휴식의 시간은 애써 마다하는 것이 활동가의 삶이다.

–

여러 시민사회단체의 활동가로 일해 왔던 문세경은 활동가들이 미처 드러내지 못한 생각과 생활에 주목한다. 활동가들을 찾아가 그들이 살아온 얘기를 경청한다. 청각장애가 있는 문세경에게 경청한다는 것은 고도의 집중력이 필요한 일이다. 스스로 말했지만, 사람들의 입 모양을 보면서 대화해야 하는데 코로나19 탓에 마스크를 쓰고 있었기 때문이다.

문세경은 남들보다 듣기 어려운 환경이었지만 훌륭하게 해냈다. 활동가들이 살아온 이야기를 세밀하게 풀어냈다. 번아웃된 활동가, 대학 입시를 거부한 활동가, 연고자 없는 장례식을 챙기는 활동가, 성소수자 활동가 등 열여덟 명의 활동가들은 말한다. "누군가 활동해야만 사회가 조금씩이라도 변한다. 장애를 느끼지 못할 환경을 먼저 만들어놓고 장애인들이 주체적으로 펼쳐갈 삶을 기대하자. 손해를 보더라도 다른 지역과 다른 단체와 연계할 수 있는 계기를 만들고 싶다"라고.

활동가들은 투쟁하는 현장에 있을 때 가장 힘을 많이 받는다. 그렇지만, 외롭고 지치면 그들도 여느 사람들처럼 도망가고 싶다. 여행을 가기도 하고, 혼자 하염없이 울기도 하고, 음식을 만들어 이웃과

나누면서 우울과 침잠에서 벗어난다. 차별받고, 가난하고, 쫓겨난 사람들, 사회적 약자와 소수자들은 남들과 다른 위치에 있기에 남다른 통찰력을 갖고 있다며, 활동가는 다시 희망의 끈을 다잡는다.

문세경을 알고 지낸 지 어언 20년이 되었다. 블로그 이웃으로 만난 후 다양한 시민사회단체 활동을 통해서 인연을 이어왔다. 이 책에서 소개한 활동가들의 삶은 문세경 자신의 얘기를 담아낸 것이기도 하다. 글 하나하나 모두 생생하고 애정이 넘친다. 활동가 인터뷰 프로젝트를 진행하면서 문세경은 한층 더 내공 깊은 활동가로 발전했다.

이 책은 문세경의 남다른 호기심과 열정이 만들어낸 열여덟 편의 사랑 노래이다. 세상의 벽을 모두 허물고 누구나 평등하고 행복하게 사는 세상을 여는 축문이다.

대통령이 바뀌고 국회의원을 새로 뽑고 도지사가 바뀌고 시장이 바뀌어도 서민들의 삶은 크게 달라지지 않는다. 왜 변하지 않을까. 왜 힘없는 사람들의 목소리는 듣지 않을까. 세상은 많이 가진 사람, 부와 권력이 있는 사람들을 중심으로 움직인다. 가난하고 소외되고 차별받는 사람들의 편을 드는 사람은 많지 않다.

사회적 약자는 희망보다 절망을 더 많이 경험한다. 가난하고, 장애가 있고, 성적 지향이 다르고, 언제 잘릴지 모르는 고용 불안에 전전긍긍하는 사람들이 그렇다. 정상성이라는 기준을 들이밀며 그 기준에 들지 않으면 차별하고 배제한다. 차별받고 배제당하는 사람들이 많은 사회는 건강하지 않다.

우리는 모두 더 나은 사회를 만들기 위해 노력하며 산다. 그중에서도 사회 변화를 위한 활동을 하기로 마음먹은 사람들이 있다. 차별받고 배제당하는 당사자와 함께 비를 맞고 함께 울고 웃기를 결심한 사람들이다. 우리는 그들을 '활동가'라고 부른다. 처음부터 활동가가 되려고 한 것은 아니었다. 우연한 계기에 의해서 혹은 가만히 있을 수 없어서 나선 것이다. 아무도 등을 떠밀지 않았지만 누군가는 해야 할 일이기에 총대를 멨다. 몸과 마음을 다해 일하지만 변화는 더디고, 활동비도 적다. 그래도 행복하다며 웃는 사람들. 2020년 5월부터 2021년 6월까지, 그들을 만났다.

2020년 2월, 코로나19라는 전염병이 돌기 시작했다. 어느 분야는 안 그렇겠냐만, 취약계층을 만날 일이 많은 활동가에게는 가혹한 시간이었다. 나도 마찬가지였다. 나는 경증의 청각장애가 있어서 사람들의 입 모양을 보아야만 소통이 가능하다. 전염병을 막기 위해서 모든 사람이 마스크를 썼다. 원활한 소통이 불가능했다. 가혹하리만치 절망스러운 시간이었다.

나는 대학을 졸업하자마자 장애인운동 단체에서 활동한 적이 있다. 끝이 보이지 않는 그 일을 하면서 지쳐

갔다. 사회는 금세 바뀌지 않는다는 것을 그때 알았다. 활동가들의 뼈와 살을 갉아 먹고서야 조금씩 변했다.

척박한 땅에 씨앗을 뿌리는 활동가의 이야기를 듣고 공감해 줄 사람이 많으면 좋겠다고 생각했다. 그들이 하는 일보다는 활동가라는 '사람'에게 초점을 맞춘 이야기를 하고 싶었다. 많이 알려진 사람을 피하고 작은 단체에서 묵묵히 일하는 사람들을 만났다.

일대일로 만나 이야기를 듣다 보니 그동안 누구에게도 하지 못했던 이야기를 쏟아냈다. 대부분 시간에 쫓기고 있었고 자신을 돌아볼 여유가 없었다. 나와 만나 인터뷰를 하면서 스스로를 돌아볼 기회가 되어서 좋았다고 말했다. 같이 일하는 사람들이 모두 바쁘니까 자신의 이야기를 들어줄 사람이 없고, 이야기를 나눌 시간이 없었다고 한다. 어쩌면 심리적인 여유 없음이 더 큰 이유가 아닐까 짐작해 본다.

열여덟 명의 활동가를 만나면서 행복했다. 워낙 바쁜 사람들이라 긴 시간을 내지는 못했지만, 그 시간만큼은 둘만의 데이트를 하는 것처럼 설렜다. 데이트가 끝나고 인터뷰를 정리할 때는 고민이 많았다. 당사자에게는 모두 소중하고 애틋한 경험일 텐데 내 마음대로 빼고 보태도 되나, 하는 마음이 들어서다. 최대한 인터뷰이의 이야기를 담으려고 노력했다. 완성된 글을 읽으니 한 편의 소설 같았다. 아름다운 연애 이야기는 아니지만, 기쁨과 슬픔이 깊이 밴 따뜻한 인생 이야기가 담긴 소설.

길게는 몇십 년, 짧게는 몇 개월 동안 활동한 이야기를 듣고 썼다. 그 속에는 한 사람의 인생이 들어 있다. 미완성이지만 언젠가는 꼭 완성될 그림을 그리는 듯한 착각에 빠지기도 했다. 그들의 이야기가 인터넷 신문에 실렸을 때, 하나같이 "쑥스럽다"라고 말했다. 쑥스러움을 무릅쓰고 속 깊은 이야기를 들려준 용기에 다시 한번 고마움을 전한다.

인터뷰를 하면서 나도 쓸모 있는 사람이라는 생각이 들었다. 잘 알지 못했던 단체도 알게 되었다. 많이 배울수 있었고, 성장할 수 있는 기회였다. 이야기를 듣고 정리하고 인터뷰이에게 피드백을 받는 과정은 힘들고 번거로웠다. 그렇지만 시작하길 잘했다고 생각한다. 만나지 않고 질문을 하지 않았으면 그들이 겪는 고충을, 기쁨을, 보람을 알 수 없었을 테니까 말이다. 더 많은 활동가를 만나지 못한 아쉬움이 크다.

우리는 활동가들에게 빚을 지고 살고 있다. 많은 사람이 그것을 알았으면 좋겠다. 그들은 굳이 자신의 활동을 드러내고 싶어하지 않았고, 자신의 이름과 얼굴이 알려지기를 원하지 않았다. 그렇지만 이들이 있기에 아직은 살 만한 세상이라고, 이들을 외롭게 해서는 안 된다고 말하고 싶었다. 남은 인생은 이들에게 진 빚을 갚는 마음으로 살겠다고 고백한다. 그 빚을 갚는 일에 많은 이들이 함께해주기를 바라는 마음으로, 이 책을 썼다.

〈더 이음〉과 〈아름다운재단〉의 '활동가 인터뷰 프로젝트' 덕분에 인터뷰를 시작할 수 있었다. 감사드린다. 한 편 한 편의 원고에 피드백을 준 강민수 선생님, 원활한 인터뷰를 할 수 있도록 문자통역사를 지원해준 〈에이유디사회적협동조합〉, 묻힐 수도 있었던 원고를 세상에 나올 수 있게 해준 도서출판 사우의 문채원 대표님, 묵묵히 지켜보고 격려해준 나의 동반자 박종화에게 고마움을 전한다.

2021년 8월
차별금지법이 하루속히 제정되기를 바라며
문세경 씀

"사람은 차가운 머리만 있어서는 안 되고 따뜻한 마음을 지녀야 한다.
비판적 담론만으로 세상을 바꿀 수 없고 인간적 애정이 함께 담겨 있어야
진정한 의미의 사상이 될 수 있다."

_《담론》, 신영복

번아웃,
모든 활동가가 앓는 병이죠

내가 그를 처음 만난 건 11년 전 용산구 동자동 쪽방주민공동체 활동을 할 때였다. 상근 활동가 두 명으로 운영하는 우리 단체는 사람, 돈 그리고 지원이 필요했다. 급할 때 가장 먼저 손을 내민 곳이 용산시민연대였다. 그때 달려와 준 사람이 이원영이다.

우리는 태어난 연도가 같다는 이유로 어느새 친구가 되었다. 그로부터 11년이 지났다. 그는 여전히 활동가로 살고 있다. 지난 2019년 말, 그의 SNS에서 번아웃(burn-out 심신이 탈진한 상태) 증후군이 왔다는 글을 읽었다. 가슴이 철렁했다. 안부도 물을 겸 용산시민연대 사무실을 찾았다. 용산시민연대는 살맛 나는 우리 동네, 행복한 용산을 만들기 위해 2003년 발족한 시민단체다. 주요 활동은 용산주민 권리 찾기 활동, 지방의회 감시 활동, 각종 문화

행사를 시기별로 여는 것이다.

　"활동가로 살다 보니 퇴근이 없어. 주말도 없고 쉴 수 있는 시간도 없어. 결국 작년 가을에 번아웃이 왔어. 지금은 좀 나아졌는데 해결되지 않은 문제가 남아 있어서… 해결되지 않은 문제란, 가족을 소홀히 대한 점이야. 그러다 보니까 갈등이 생길 수밖에 없어. 내가 올바른 일을 한다고 가족에게 소홀히 한 것을 당연하다고 생각한 적은 없는데, 죄책감은 있어.

　다음은 경제적 문제야. 시민단체는 재정이 항상 열악해. 이 일만 해서는 생계를 꾸려가기 힘들어. 그래서 돈을 벌 수 있는 다른 일을 병행하고 있지. 최근에 두부 만드는 공장에서 8개월 정도 일했어. 생협에서 배달 아르바이트도 하고, 건축 협동조합을 만들어서 공사장 인부도 했어.**"**

활동가가 겪는 3중고

쉼이 없고, 가족을 소홀히 하고, 돈을 벌어야 하는 3중 문제에 시달리다 보니 어느 순간 번아웃이 왔다는 용산시민연대 이원영 사무처장. 언제나 기분 좋은 미소를 짓고 무슨 말을 해도 다 들어줄 것 같은 그에게 번아웃이 왔다는 게 믿어지지 않았다. 활동가가 강철로 만든 사람도 아닐 텐데 나는 왜 예측하지 못했을까. 마음이 아팠다. 그 글을 본 다음 날 술이라도 한잔하자며 불러내고 싶었지만, 그 또한 에너지를 소모케 할 수 있다는 생각에 그만두었다.

" 대학에 들어가기 전까지만 해도 기자가 되는 게 꿈이었어. 사회의 부조리한 모습을 폭로하고 알리는 기자 말이야. 그래서 학보사에 들어가 3년 동안 활동했어. 졸업하고 본격적으로 기자 생활을 하고 싶었지만, 내가 글을 잘 못 쓴다는 걸 알고 포기했어. 그리고 꿈을 바꿨지. 좋은 사회를 만드는 '시민단체 활동가'가 되거나 '노동조합 활동'을 하는 것으로.

학교를 졸업하고 처음 간 곳이 전교조였어. 그때까지만 해도 전교조가 합법 단체가 아니어서 전임할 교사를 둘 수 없었어. 상근자를 채용한다고 해서 내가 하게 됐어. 전교조에서 상근하면서 좋은 선생님들을 많이 만났고, 우리나라 교육에 어떤 문제가 있고 어떻게 바뀌어야 하는지를 알게 됐지. 7년 동안 활동하면서 많이 배웠어. 물론 그때도 활동비가 많지는 않았지만.

전교조 활동을 그만둔 것은 농부가 되고 싶어서였어. 부모님도 농사를 짓고 계시거든. 그런데 농부가 되지 못했어. 2004년도에 민주노동당이 처음으로 국회의원을 배출했어. 그때 전교조에서 상근활동을 했던 나에게 교육정책 보좌관을 해보지 않겠냐는 제안이 들어왔어. 학보사 시절의 친구가 먼저 보좌관을 하고 있길래 보좌관이라는 일이 어떤지 물어

봤어. 좋은 직업이니까 한번 해보라 하더라고. 그래서 계획에도 없던 보좌관 생활을 시작했지. 마침 최순영 의원이 교육 상임위를 맡고 계셨거든. 4년 동안 열심히 했어. 그때 많은 걸 배웠어. 정치가 정말 중요한 거구나. 특히 진보정당 정치인의 역할이 얼마나 중요한지를 알게 됐지. 결과도 많이 만들어냈고. 그러다 보니 자연스럽게 나도 정치를 해보고 싶다는 생각이 들더라고. **"**

진보정당 후보로 선거에 나가 보니

이원영은 결국 보좌관 임기를 마치고 정치에 직접 뛰어든다. 2010년, 2014년, 2018년 세 번에 걸쳐 용산구 의원으로 출마했다. 모두 낙선의 고배를 마셨다.

"솔직히 말하면 진보정당의 후보들은 당선을 염두에 두고 나가지 않아. 지역주민에게 진보정당을 알리고 좋은 정책을 만드는 데 함께하는 것에 의미를 두지. 안타깝지만 어쩔 수 없는 현실이니까. 선거운동 할 때 주민들 반응이 좋아서 할 만했어. 젊은 사람이 나오니까 격려도 많이 해주시고, 주민들의 생각도 직접 들을 수 있었고, 정치에 원하는 것이 무엇인지 그런 얘기를 들으면서 선거의 중요성을 알게 되었어.

이거야말로 민주주의의 배움터구나 하는 생각도 들었고.

민주노동당이 분당하고 정의당 후보로 나갔을 때는 주민들이 정의당이 어떤 정당인지 물어봤어. 그래서 심상정, 노회찬, 유시민 등이 있는 당이라고 말했어. 두 번 출마하다 보니 나도 마음의 여유가 생기더라고. 2018년도에는 출마할 생각이 없었는데, 두 번의 출마에서 득표율이 10퍼센트 이상 나왔으니 한 번만 더 출마해 보라고 당원들과 주변에서 강하게 권유했어. 이번에도 당선 가능성은 없지만 선거 과정에서 얻는 것이 많을 것이라는 확신을 가지고 나갔지.

사실 용산에서 화상경마도박장 설립 반대* 싸움을 5년 정도 했잖아. 그러면서 인지도가 좀 생겼어. 정치인은 선거운동만 하는 줄 알지만 실제로 내가 오랫동안 했던 시민운동은 친환경무상급식운동이야. 2003년도에 급식조례제정운동 시작할 때부터 참여했어. 전국 급식운동본부의 집행위원장도 여러 번 했고. 급식운동은 지금도 하고 있으니까 15년을 넘게 했네.

세 번의 출마에서 마지막은 등 떠밀려서 나갔지만 후회하지 않아. 당선은 꿈도 꾸지 않았지만 무엇과도 바꿀 수 없는 귀한 시간이었지. 세 번이나 출마하면서 당선을 기대하지 않

---

* 화상경마도박장 설립 반대: 용산구 청파로 성심여중·고등학교 앞에 완공된 화상경마도박장을 반대하는 활동. 2013년 5월 1일에 시작해 2017년 8월 26일 '용산화상경마도박장 폐쇄 협약식'을 열기까지 1,579일 동안 반대 운동을 했다.

앉다면 거짓말이겠지. 하지만 진보정당의 당선이 얼마나 힘든 건지 잘 아니까 반은 포기하고 나간 셈이지. 이렇게 말하면 너무 솔직한가?"

용산시민연대는 지역의 여러 문제에 열심히 연대하는 단체로만 알고 있었다. 그러던 어느 날 화상경마도박장 반대 싸움에서 이겼다는 소식을 들었다. 믿어지지 않았다. 그 싸움이 얼마나 힘든 싸움인 줄 아니까. 그곳에 용산시민연대가 있었고, 이원영이 있었다. 감격스러웠다. 이원영이 자랑스러웠다. 동시에 마음속 한편에서는 미안한 마음이 불쑥 올라왔다.

"화상경마장 반대 싸움에서 이긴 건 지역의 여러 시민단체와 학부모, 종교시설, 성직자들이 함께 이루어 낸 결과야. 매주 주말 경마장 앞에서 시위했거든. 사계절 중에서 봄하고 가을은 그나마 괜찮았는데 여름하고 겨울은 덥고 추워서 정말 힘들었어. 겨울에는 칼바람이 장난 아니게 불었거든. 2015년부터는 아예 농성장을 꾸려서 싸웠어. 말이 5년이지 정말 엄청나게 힘들었던 기억이 난다.

용산시민연대에서 활동한 것 중에 또 하나 의미 있었던 게 뭐냐면, 평화의 소녀상을 건립한 거야. 박근혜 정부 시절에 국정교과서 만든다고 할 때, 역사 왜곡을 막기 위해 전국적으로 평화의 소녀상 건립운동을 많이 했어. 용산에서도 이

걸 한번 해보자고 해서 시민들에게 홍보하고 캠페인하고 모금운동을 했어. 소녀상 건립에 5천만 원 정도의 비용이 드는데 1천 명 정도가 모금에 참여했어. 모금에 참여한 사람들 이름을 동판에 넣었지. 정말 감동이었어."

실로 스펙터클한 삶을 살았다는 생각이 들었다. '번아웃이 괜히 온 게 아니구나' 하며 고개를 끄덕였다. 작년 가을부터 왔다던 번아웃이 최근에 조금씩 나아지고 있다고 했지만 쉬고 싶은 마음은 여전하다. 하지만 그것이 마음대로 되지 않는다는 게 함정이라면 함정이다.

"여전히 경제적인 문제가 해결되지 않아서 고민이 많아. '시민단체 활동을 중단하지 않으면서 돈을 벌 수 있는 일은 무엇이 있을까' 고민하고 있을 때, 고맙게도 친환경무상급식본부에서 '반상근을 할 수 있냐'는 요청이 왔어. 지금 일주일에 세 번 그곳에서 반상근을 하고 있어. 용산시민연대에서는 후원회원이 많지 않아 활동비를 50만 원밖에 못 받거든. 공동대표들도 밥 먹듯이 아르바이트를 해.

얼마 전에 처가로 들어갔어. 전세 만기가 되어 연장해야 하는데 재작년에 아버지가 돌아가시면서 집(시골집이라 비싸지 않은)을 상속받았어. 그것 때문에 무주택 전세대출이 안 된다는 거야. 할 수 없이 염치 불구하고 장모님 댁으로 들어갔지. 주변 사람들은 모두 '겉보리 서 말만 있으면 처가살이는 하지 말라'고 했다면서 처가댁으로 들어가는 걸 말렸어. 하지만 나는 좋아. 일단 빚을 다 갚아서 홀가분해. 장모님께도 감사하고. 이제 가족들하고 보내는 시간을 좀 늘리면 되는데 그게 제일 어려운 일이야.**"**

그럼에도 이 길을 가는 이유

모든 활동가가 다 그렇지는 않겠지만 대부분 이원영처럼 살고 있지 않을까. 늘 시간에 쫓기고 경제적인 어려움을 겪는 것 말이다. 그러면서도 활동을 포기하지 않는 이유, 그 이유에 대해서 들어보았다.

"내가 활동가로 살지 않는다 해도 누군가는 이 길을 가겠지. 누군가 활동을 해야만 사회가 조금씩이라도 변하니까. 그렇지 않으면 사회는 절대 변하지 않는다는 것, 너도 알잖아. 이 길을 선택한 걸 나는 후회하지 않아. 내가 쓸모 있다는 곳이 있다면 어디든지 갈 거야. 활동하면서 좋은 사람들을 너무 많이 만났거든. 그게 나한테는 엄청난 힘이 돼.

어느새 오십 줄에 들어섰어. 남은 인생에서 꼭 하고 싶은 일이 뭐냐고 물으면, 특별히 없어. 왜냐면 욕심을 다 내려놨거든. '지구적으로 사고하고 지역적으로 행동하라'는 말이 있잖아. 그 말대로라면 통일이 꼭 되었으면 좋겠어. 통일이 될 수 있도록 내가 무슨 활동을 할 것인가를 생각해 봤는데 나는 죽기 전까지 노동하고 운동(활동)할 거야. 젊은 활동가가 있다면 지원을 많이 해주고 싶어. 물리적이든 심리적이든. 우리 사회는 지금 빠르게 고령화되고 있어. 그때가 되어도 내가 할 일이 있지 않을까?

지금은 코로나19 때문에 많은 사람이 힘들어하고 있지. 정말 예상하지 못한 일이라 나도 그렇지만 모두가 당황스러울 거야. 아이들이 학교에 안 가니까 아내와 내가 교대로 아이들 식사를 챙기고 있어. 그게 너무 힘들어. 애들이 한 번 먹은 음식은 안 먹어서 매번 새로운 음식을 해야 하거든.

코로나19의 원인은 산업화 이후의 환경파괴 때문인 것 같아. 앞으로 의학이나 과학이 엄청나게 발달해도 해결하지 못할 거야. 그래서 과학과 문명에 대한 성찰을 해야 하겠지. 무엇보다 관계에 대해 성찰을 해야 한다고 봐. 코로나 때문에 사람들이 떨어져서 지내고 학교도 못 가고 극장도 못 가고, 심지어 병원도 못 가잖아. 모든 것이 다 연결되어 있으니까 관계를 어떻게 만들 것인가에 대해서 진지하게 성찰을 해봐야 할 것 같아.

어려움이 생기면 가장 피해를 보는 쪽은 돈 많고 위험에 대비할 수 있는 사람들이 아니라 가난한 노동자, 알바생, 쪽

방 주민, 장애인 들이야. 코로나19가 오기 전에는 복지관 등
에서 이런저런 서비스를 했지만 위기가 오니까 다 문을 닫았
잖아. 우리는 이 사람들을 위해서 어떤 체계를 만들 것인가
를 고민해야 한다고 봐. 특히 시민운동가는 환경을 염두에
두고 활동을 해야 할 것 같아.

코로나19 때문에 공장이 멈추니까 미세먼지 배출이 줄었
고, 관광객이 없으니까 히말라야산맥이 보인대. 북극의 얼음
이 녹았는데 그 현상도 조금씩 둔화되고 있고. 이런 것처럼
우리가 활동하더라도 환경을 중심에 두고 해야 한다는 것,
굉장히 중요한 문제지. 지역에서도 어려움에 처한 취약계층
에게 어떤 지원을 할 수 있는지, 시스템은 어떤지 살펴봐야
하고. 만약에 없다면 어떻게 만들 것인지, 예산을 어떻게 쓰
고 있는지 감시하는 활동도 해야겠지. 그러고 보니 할 일이
엄청 많네."

나 스스로를 사랑하는 것도 중요해

자나 깨나 무슨 활동을 하고 어떻게 하면 더 좋은 사회를 만들 수
있을까를 고민하는 그는 천생 시민단체 활동가다. 마지막으로 자
신에게 해주고 싶은 말이 있다면 무엇인지를 묻자, 한 치의 망설
임도 없이 말했다.

"'스스로를 사랑하라'고 말하고 싶어. 요즘 나의 화두야. 그동안 너무 앞만 보고 살았어. 제때 쉬지도 못하고 나를 너무 학대한 것 같아서 앞으로는 나를 더 사랑하기로 했어. 그리고 또 한 가지 결심한 게 있어. 내 나이가 벌써 오십한 살이야. 앞으로 계속 활동하려면 일단 체력을 좀 갖춰야 할 것 같아서 작년부터 운동을 시작했어. 달리기랑 역기를 하고 있지. 사무실에서도 틈틈이 해. 저쪽에 역기 있는데 보여줄까?"

그가 운동하는 모습을 보고 싶었지만 나는 배가 고팠다. 얼른 나가서 맛있는 파전에 막걸리를 마시고 싶었다. 이원영은 술을 잘 못 마시지만 나는 술을 좋아한다. 술을 잘 못 마시는 사람에게 술 먹자는 청은 부담이 될 법도 한데 그는 한 번도 거절한 적이 없다.

"사무실 근처에 용문시장 있잖아. 용문시장 상인회장님도 우리 회원이야. 시장에 맛있는 메밀국수 파는 데 있어. 국수랑 막걸리 한잔하자. 인터뷰하느라 고생 많았어."

이원영은 막걸리를 마시면서도 끊임없이 활동에 관한 얘기를 했다. 이토록 소중한 활동가가 부디 자신을 더 많이 사랑하고, 체력도 강해져서 오래도록 현장을 지켜주기를, 나는 속으로 빌었다.

해야 할 일을 하는 것일 뿐,
저를 너무 미화하지 마세요

"동자동사랑방 재정이 넉넉하지 않아서 반상근으로 활동을 시작했어요. 오전 10시부터 오후 3시까지. 점심시간 빼면 4시간 근무죠. 그렇지만 아시다시피 점심시간? 없어요. 퇴근시간? 못 지켜요. (웃음) **"**

많은 사람이 드나드는 서울역 주변은 늘 번화하다. 그 화려함 속 한편, 용산구 동자동에는 '도시빈민'이 살고 있다. 그곳은 서울에서 손꼽히는 쪽방촌 밀집지역이다.

'동자동사랑방'(이하 사랑방)은 농부 출신 엄병천이 2008년에 만들었다. 가난한 농부였던 그는 농산물이 제값을 받지 못하는 억울한 현실을 호소하기 위해 서울로 상경한다. 그러나 농민운동을 하고자 한 그의 노선은 가난한 사람들을 만나면서 바뀌었다. 가난한 사람들과 함께 살면서 '가난은 개인의 잘못이 아니'라는 걸 말하고 싶었다. 그렇게 만들어진 동자동사랑방은 약 천 가구가 옹기종기 모여 있는 서울역 건너편 동자동에 둥지를 틀었다. 기초생활수급을 받는 주민이 80퍼센트 이상인 그곳에서 주민들의 친구가 되어 어려운 일이 있으면 귀 기울여 듣고 문제를 해결하는 데 앞장선다.

가난한 동네에서 가난한 단체를 꾸려간다는 것

당시에 나는 우여곡절 끝에 석사과정을 마치고 일을 찾던 중이었다. 사회복지를 전공했으나 경력이 부족해 오라는 곳이 없었다. 엄병천은 귀신같이 그 사실을 알고 나를 불렀다. 나는 2009년부터 2011년까지 사랑방에서 사무국장으로 일했다.

가난한 동네에서 가난한 주민들을 만나며 가난한 단체를 꾸려간다는 것은 실로 모험이었다. 그 당시 내가 가진 건 왕성한 호기심과 쓸모없는 학위 쪼가리가 전부였다. 모험은 굶는 것부터 시작됐다. 거짓말 안 보태고 우린 늘 배가 고팠다. 물리적인 허기는 참을 수 있었지만 무관심에서 오는 허기는 가슴을 후벼팠다. 웅장하고 화려한 서울역 역사 뒤로 쓰러질 듯한 건물에 둥지를 틀고 사는 사람들, 아무도 그들에게 관심을 갖지 않았다.

'없는 사람 마음은 없는 사람이 잘 안다'고, 엄병천은 주민들에게 신과 같은 존재였다. 주민들은 무슨 일이 생기면 생기는 대로 안 생기면 안 생기는 대로 술병을 들고 사랑방을, 엄병천을 찾았다. 술에 의지하던 주민들은 만취 끝에 유리로 된 사랑방 대문을 깨뜨리기 일쑤였다. 사랑방은 없는 살림에 깨진 유리를 갈아끼우느라 가세가 더욱 기울었다. 11년 전엔 그랬다.

더 이상 깨지는 유리를 막을 재간이 없었는지 지금은 두꺼운 아크릴로 바꿨다는 후문이다. 주민들이 신처럼 생각했던 사랑방의 1대 대표 엄병천은 결국 고향으로 내려갔다. 태평농법을 통해 거덜난 농업을 일으키기로 마음먹은 것이다.

서울역 주변을 오가는 사람이 많은 것처럼 동자동에도 드나드는 사람들이 많다. 드는 사람은 역 근처에서 노숙하다 오는 사람이고, 나는 사람은 돌아가신 사람이다. 언제 어디서 무슨 일이 터질지 모르는 곳, 동자동에는 여전히 가난의 그림자가 걷히지 않고 있다.

가난한 삶은 뉴스에서 본 게 전부였지만

그곳에 오늘도 발을 동동 구르며 일하는 박승민 활동가가 있다. 하루 일을 겨우 마치고 헐레벌떡 뛰어오는 박승민을 6월의 어느 날, 사랑방 인근 카페에서 만났다.

"오늘은 '사랑방마을주민협동회'(마을 은행) 이사회가 있는 날이에요. 원래는 월요일에 하기로 했는데 갑자기 바뀌어서 오늘 하게 됐지 뭐예요. 인터뷰가 잡혀서 어떻게 해야 하나 고민하다가 결국 회의에 못 간다고 했어요. 사랑방 상황은 아무도 예측하지 못해요. 반상근으로 채용한다고 해서 일을 시작했는데 제때 퇴근할 수 없는 것부터(웃음).

저는 전교조 세대라 '행복은 성적순이 아니'라는 노래를 들으며 자랐어요. 대학에 가고 싶다는 생각은 하지 않았어요. 공부에 취미도 없었고요. 어렸을 때는 주위 사람들하고 어울려 노는 게 즐거웠고, 결혼하고 육아에 전념할 때는 육아밖에 몰랐어요. 고등학교를 졸업하고 직장 생활하다가 '참교육시민모임'이라는 단체에서 일했어요. 지금은 '사랑방'과 '집' 두 개밖에 몰라요(웃음). '지금'에 충실하며 열심히 사는 게 제 삶의 기준이에요.

사랑방에 오기 전까지만 해도 '가난한 삶'은 뉴스에서 본 게 다였어요. 여기 와서 처절한 실체를 마주 보게 되었어요. 그리고 배우고 있어요. 어떻게 하면 이 문제를 해결할 수 있을지 고민하면서요. 제가 오자마자 같이 일하던 활동가가 인수인계도 안 하고 2주일 만에 그만뒀어요. 이유는 자세히 모르지만, 주민대표와 갈등이 있었나 봐요. 할 수 없이 제가 모든 일을 떠맡게 됐어요. 앞이 캄캄했지만 제가 그만두면 사랑방이 버려지는 것 같았어요.

처음에 일하겠다고 결심했을 때는 일이 이렇게 힘들 거라는 생각을 못 했어요. 어려운 사람들을 돕고, 좋은 일을 하는 곳으로만 생각했어요. 막상 활동해 보니까 아니더라고요. 저도 시민단체 일을 해봤지만, 이곳은 보통의 시민단체와는 다른 곳이에요. 아무것도 가진 것이 없는 주민들이 찾아오면 상담도 해야 하고, 몸이 아픈 주민과 병원에도 같이 가야 하고, 가난하게 사는 게 개인의 책임이 아니라는 것도 알려야 하고요. 언제 어디서 무슨 일이 벌어질지도 모르는데 활동가는 저 혼자밖에 없고, 나이 들고 아픈 주민들만 있으니까 한마디로 정신이 없어요."

몸은 힘들어도 일하는 재미가 있는 곳

나는 사랑방에서 일하면서 인생이 꼬였다고 생각하는 사람이다. 지금은 돈 걱정은 덜 하지만 당시에는 거의 앵벌이 수준으로 일했다. 2년 동안 뼈를 갈아 넣으며 일했지만 쫓겨나듯 떠날 수밖에 없었다. 내가 나온 후에 여러 명의 활동가가 들고 났다. 다들 무슨 생각으로 사랑방에서 일한다고 했는지 모르겠다. 웬만큼 확고한 신념이 아니고서는 선택할 수 있는 곳이 아닌데도 말이다.

지금 생각해보면 동자동사랑방을 떠난 활동가들이 고생하는 게 싫어서 나간 것 같지는 않다. 주민들과 어떻게 호흡을 맞춰야 하는지 몰라서 떠났을 것으로 추측할 뿐이다. 뼈를 갈아 넣었는데도 돌아오는 게 '욕' 아니면 '악담'이니 어느 누가 버틸 수 있을까. 그럼에도 가난한 주민들은 정이 넘쳤다. 작은 도움을 받으면 배가 넘는 고마움을 표했다. 나는 당시에 주민들의 이야기를 듣느라 함께 술을 마셨다. 평생 마실 술의 3분의 2를 그때 마셨다.

"아픈 분들을 모시고 병원에 갈 때가 제일 좋아요. 가족도 없고 돌봐주는 사람도 없는데 몸까지 아프면 얼마나 서럽겠어요. 보호자 없이 병원에 가면 의료진이 세심하게 봐주지 않아요. 늙고 가난한 사람이 오면 더 그래요. 의례적인 말만 할 뿐이에요.

그런데 제가 같이 가면 한마디라도 더 해줘요. 한 번 더 쳐다보기도 하고. 왜 그런 줄 알아요? 늙고 남루한 행색이어도 보호자가 있으니까 함부로 못 하는 거예요. 같이 간 주민도 든든해 하시고. 우리한테는 아무것도 아닌데, 핸드폰 사용법을 물으시는 분도 많아요. 사용법을 알려드리면 얼마나 고마워하시는지 몰라요. 저는 여기서 일하면서 마음이 힘든 적은 없어요. 나이를 먹다 보니 체력이 달리고 몸이 힘들어서 그렇지."

옷을 어떻게 입느냐에 따라 밥을 얻어먹을 수 있느냐 없느냐가 좌우된다는 말을 들은 적이 있다. 동의하지 않는 말이지만, 겉

모습만을 보고 사람을 평가하는 관습은 쉽게 변하지 않는다. 의지할 데 없고, 몸이 아파도 혼자 병원에 가야 하는 사람에게 함께할 누군가가 있다는 것은 든든한 '빽'이다. 병원에 동행하는 박승민은 흥이 난다. 몸은 힘들어도 일하는 재미가 있는 곳, 그곳이 사랑방이다.

주민들의 화풀이 대상이 되기도 하지만

"힘든 점이 있다면 제가 주민들의 '욕받이'가 될 때예요. 이유도 모르는 폭언을 들어야 할 때가 있어요. 고소하거나 같이 싸우기도 어려워요. 누군가 화풀이 대상이 필요할 때 그게 사랑방이 되기도 하고 제가 되기도 하는 거죠. 그 일을 마음에 담아두면 저도 병이 생기겠죠. 그래서 받는 즉시 날려 버려요. 어디다 날리는지는 비밀이고요(웃음).

작년에 제가 좋아하는 주민 한 분이 오랫동안 병원에 입원했어요. 그때 정말 마음이 힘들었어요. 주민운동 교육을 받고 수료하는 날이었어요. 많은 주민이 축하해 주러 오셨고, 그분도 오셨어요. 그런데 다음날 건강이 악화돼서 바로 입원하셨어요. 안타까웠어요.

저는 사랑방에서 일하면서 매일매일 보람을 느껴요. 어디 가서 이런 경험을 해 보겠어요? 학교에서도 배울 수 없는 걸 여기서 다 배우고 있죠(웃음)."

주민들의 욕받이가 되어도 매일 보람차다는 박승민의 얼굴에는 행복한 웃음이 가득했다. 사랑방에는 점심 한 끼를 천 원 주고 먹는 밥상공동체 '식도락'이 있다. 코로나19(이하 코로나) 때문에 한 달 동안 문을 닫았다. 박승민은 마음이 많이 아팠다. 지역의 복지시설도 하나둘 문을 닫자, 거동이 불편한 이들은 끼니를 해결하기 힘들었다. 승민 씨와 주민들은 식도락에서 도시락을 만들어 주민들에게 나눠주기로 지혜를 모았다.

"코로나 때문에 식도락 안에서 식사를 못 하니까 어떻게 하면 식사를 거르는 분들이 식사를 할 수 있도록 지원할 수 있을까 고민하고 있었어요. 그때 주민들이 도시락을 만들어서 나누자는 의견을 주셨어요. 의견만 가지고는 일이 되지 않죠. 실행에 옮기려면 여러 가지 자원이 필요하잖아요. 사람이 있어야 하고 음식을 만들어야 하고 나눠줘야 하고.
식도락을 처음 시작할 때는 혼자 일하느라 힘들었어요. '내가 여기 밥해 주러 왔나?' 하는 생각도 들고. 혼자 낑낑거리며 일하는 걸 주민들이 보시고는 '여기 사람들 먹여 살리느라 고생 많다'면서 정기적으로 도와주겠다는 분들이 생겼어요. 도와주기로 한 분들이 갑자기 안 오실 때도 있어요. 그럴 때는 힘이 빠지는데, 시간이 지나니까 주민들도 책임감을 갖고 나와서 함께 일을 해요. 점심 준비할 때 주민들과 함께 장보고 함께 음식을 만드니까 가능했지요. 저 혼자였으면 못 하죠. 평소에는 40~50명쯤 오셔서 식사하시는데 지금은 코로나 때문에 함께 식사를 못 하니까 80인분의 도시락을 만들고 있어요. 엊그제는 돼지고기 덮밥을 만들었고, 그저께는 열무비빔밥을 만들었어요.

사랑방 사업 중 식도락의 비중이 커요. 처음에는 점심 식사 비용으로 500원을 받았는데 운영난 때문에 주민들에게 양해를 구하고 천 원으로 올렸어요. 제가 온 후, 첫 달 식도락 수익이 27만 원이었어요. 그걸로는 어림도 없죠. 사랑방 예산을 보면 아시겠지만, 식자재값만 80만 원가량 들거든요. 정부 지원을 전혀 받지 않고 순수 후원회비로만 운영하니까 늘 어려워요. 다행히 올해부터는 '바보의 나눔'에서 식도락 사업비를 지원받게 되었어요."

가난한 사람들에게 한 끼 식사는 보통 사람의 한 끼 식사와는 다르다. 한 끼를 먹느냐, 그렇지 않느냐로 하루를 버티느냐, 못 버티느냐가 정해지기 때문이다. 하루를 버텨야 한 달을 버티고, 한 달을 버텨야 1년을 버틸 수 있다. 하루하루가 모여서 인생이 만들어진다. 그렇게 만들어진 개인의 역사는 어느 누구의 것이라도 허튼 것이 아니니까.

"외로울 시간도 없어요"

"아까 제가 주민과 병원 가는 일을 제일 좋아한다고 했
는데, 그다음으로 좋아하는 일은 주민들 만나러 돌아다니는
일이에요. 요즘은 홈리스추모제 주거팀에서 만드는 쪽방신
문을 들고 주민들을 찾아가요. 이런저런 얘기 나누고, 무슨
일이 생겼는지 듣고, 어디가 아프고, 어떤 도움이 필요한지
알 수 있잖아요. 쪽방에 사는 주민들은 집 밖에 안 나오시는
분들이 많아요. 찾아가지 않으면 만날 수가 없죠. 방에만 계
시는 분들을 만나러 가고 싶은데 혼자서 여러 가지 일을 해
야 하니까 주민을 많이 못 만나요.

혼자 일하니까 외롭지 않냐고 하셨는데, 외로울 시간이
없어요. 활동의 고민을 나눌 만한 사람이 없으니까 답답하긴
해요. 주민 활동가가 있어도 서로의 역할이 다르고 다들 아
픈 분들이라 기동력이 떨어지죠. 속 모르는 사람들은 '가끔
멍때리는 시간이 있을 것 아니냐'고 해요. 그런 시간이 있으
면 좋겠지만 유감스럽게도 없어요. 솔직히 멍때리는 시간이
있으면 그 시간에 주민들 만나러 다니겠어요(웃음)."

이 정도면 거의 중독 수준이다. 나도 그랬다. 매일 파김치가
되어 퇴근하고 집에 가면 곯아떨어지기 일쑤였다. 그런데도 빨리
아침이 되어 출근하고 싶다는 마음으로 잠들었다. 누군가 나를

기다릴 것만 같았고, 내가 없으면 안 될 것 같은 착각에 빠져 살았다. 그 원동력은 도대체 어디서 왔을까? 다시 생각해봐도 의문이다.

사랑방은 가난한 사람들의 자조모임과 비슷하지만, 조직의 체계를 갖추고 있다. 모든 활동의 중심에는 '주민'이 있다. 따라서 대표도 동자동의 주민이 맡았다. 박승민은 주민을 돕고 대표를 돕는 일을 할 뿐이라고 했다. 사랑방 옆에는 '사랑방마을주민협동회'라는 마을은행이 있다. 사랑방과 주민협동회는 같은 사무실을 쓴다. 사무실을 같이 써서가 아니라, 두 조직은 쌍둥이라고 해도 과언이 아니다.

지난 3월 주민협동회의 이사장인 유영기 씨가 돌아가셨다. 너무 갑작스러운 죽음에 마을 주민과 활동가 모두 충격을 받았다. 박승민도 예외는 아니었다.

"갑자기 돌아가셔서 실감이 안 났어요. 폐암으로 병원에 입원하시고 얼마 안 돼서 돌아가셨거든요. 하필 코로나가 터져서 면회도 못 가고, 갑자기 떠나셔서 마음이 많이 아팠어요. 이사장님은 항상 먼저 나오셔서 사랑방 문을 열었어요. 그리고 저의 하루를 다 보시죠. 제가 말을 안 해도 뭘 도와줘야 할지 알고 계시고, 그림자 같은 분이셨어요. 말씀은 많이 안 하시고 도울 일이 있으면 뒤에서 조용히 도와주셨어요.

이사장님과 단둘이 있을 때는 주민들 흉도 보고, 수다도 떨었어요. 그럴 때마다 이런저런 얘기를 많이 해주셨어요. 저희 대표님은 얼굴 보기도 힘든데 이사장님이 대표님의 빈자리를 채워주셨어요.

갑자기 돌아가시니까 정말 뭐라고 표현해야 할지 모르겠더라고요. 황망하다는 것이 이런 거구나 싶었어요. 코로나 때문에 면회도 못 가고, 퇴근하면 집안일하느라 정신없고. 병원에 계실 때 연락을 자주 못 드려서 죄송한 마음이 컸어요. '내가 지금 제대로 일하고 있는가' 하는 생각에 많이 힘들었어요. 지금은 조금 나아졌어요. 한동안 주민들이 이사장님 얘기를 안 꺼냈어요. 그런데 지금 이사장님 이야기를 꺼내시면…."

3월에 돌아가신 유영기 이사장의 추모제를 4월 초, 동자동의 '새꿈 어린이공원'에서 지냈다. 이곳은 평소에 쪽방 주민들이 친교를 나누는 고마운 공간이다. 추모제에 많은 주민과 활동가들이 모였다. 저마다 유영기 이사장과의 추억을 떠올리며 슬퍼했다. 유 이사장과 가장 가까이 지냈던 쪽방 주민이 추모사를 읽었다. 여기저기에서 눈물 훔치는 소리가 들렸다. 박승민의 모습이 보이지 않았다. 추모제가 끝날 무렵 박승민을 발견하고 위로를 전하려 하자 하염없이 눈물만 흘렸다.

전염병과 무더위에 가장 취약한 사람들

"코로나 때문에 처음으로 식도락 문을 한 달 동안 닫았어요. 쪽방은 특히 전염병에 취약하잖아요. 방이 다닥다닥 붙어 있으니까 한 명 걸리면 모두 걸리죠. 아프고 소외된 분들인데 전염병까지 도니까 암전된 것 같았어요. 정부는 매일 브리핑하고 방역하고 구호 물품 나눠주는 것 빼고는 달리 하는 일이 없어요. 주민들을 찾아와서 안부를 묻고, 체온을 재고, 끼니를 챙기는 성의를 보이면 얼마나 좋을까 하는 생각이 들었어요.

곧 폭염이 오잖아요. 대책을 세워야 해요. 코로나 때문에 그나마 있던 무더위 쉼터도 문을 닫았어요. 찜통더위가 오면 주민들이 쉴 수 있는 공간이 없어요. 다들 기저질환이 있어서 위험한데 더위까지 겹치면 대책이 없죠. 함께 있어도 위험하지 않은 공간을 만들어야 해요. 대구 쪽방상담소는 65세 이상의 기저질환이 있는 분들 50명을 위해 냉방시설을 갖춘 공간을 2개월 동안 지원한다고 해요. 이렇게 잠시라도 폭염을 피할 수 있는 공간을 만들지 않으면 40도가 넘는 쪽방에서 더위와 코로나에 갇혀 지내실 게 분명해요."

박승민은 주민들이 코로나19에 걸릴까봐 걱정이 많다. 관변단체는 생색내기용 사업만 하고 열악한 환경 속에 있는 주민들이 죽어나는 줄도 모르니 얼마나 답답할까. 박승민이 말한 대책이 올여름 쪽방 주민들의 건강한 여름나기 대책으로 발표되었으면 좋겠다.

" 2021년은 여기서 일한 지 만 4년째 되는 해예요. 눈 깜짝할 새에 시간이 지나갔어요. 이 일이 저하고 잘 맞는지 아닌지는 모르겠어요. 배우는 것이 많으니까 고맙다는 생각밖에 안 들어요. 주민들은 아주 작은 일 하나만 도와드려도 고마워하세요. 별것도 아닌 사소한 것이라도 도와달라고 말할 곳이 없어요. 그런 모습을 볼 때 너무 짠해요. 이 일은 제가 좋아서 하는 거예요. 누군가 저를 치켜세우면 몸 둘 바를 모르겠어요. 그러니까 저를 너무 미화하지 마세요(웃음). "

30년 동안 장애인운동을
해온 사람이 말하는 희망

———————————————————————

"노동운동이 한창이던 전노협 시절, 월간 <노사>라는 잡지사에서 일하다가 노동문제에 눈을 뜨게 됐어요. 그러다 장애인운동으로 노선을 바꿨죠(웃음)."

본격적인 추위가 닥친 지난해 12월 초, 전국장애인차별철폐연대(이하 전장연)의 사무총장 박옥순을 대학로에서 만났다. 12월은 한 해를 마감하는 때라 1년 중 가장 바쁜 시기다. 가장 바쁜 때 인터뷰를 요청해서 미안한 마음이 없지 않았다. 그럼에도 박옥순은 해맑은 모습으로 나를 반겼다.

"노동 관련 잡지사에서 일하다가 우연한 기회에 장애인

신문사에서 일하게 됐어요. 장애인 신문사에 오니까 노동운동이 사치스럽게 느껴질 정도로 장애를 가진 사람들의 삶이 너무 팍팍해 보였어요. 그래서 딱 2년만 일하고 장애인운동의 현장에 들어가겠다고 마음먹었어요. 당시에 장애인운동청년연합(전장연의 전신)이 저의 출입처였거든요. 편집장은 왜 자꾸 거기만 가서 취재를 하느냐고 했어요. 나는 장애해방, 인간해방이라고 하는 가치가 너무 중요했기 때문에 장애인운동을 하고 있는 사람을 만났고, 기사를 썼어요.

매년 4월 20일은 장애인의 날이잖아요. 올림픽공원 안에 있는 큰 회의장을 빌려서 기념식을 해요. 언론사에서는 매년 썼던 기사를 토씨 하나 안 빼고 똑같이 써요. 시설이나 집에 있던 장애인을 행사장에 앉혀놓고 장애극복상 주고, 도시락 나눠 주고, 오후에는 가수들이 나와서 공연을 하고 행사는 끝나요. 이런 순서로 행사를 진행하니 다음 해에도 똑같은 기사를 쓰는 거죠. 뭔가 다르게 할 일이 없을까 고민하다가 '장애인 복지를 위한 공동대책위원회' 활동을 하게 됐어요."

기사를 쓰다가 만난 장애인운동

박옥순은 장애인이 아니다. 장애인 신문사에서 기사를 쓰다가 '장애를 가진 사람이 편안하고 안전해야만 모든 사람이 편하고 안전한 사회가 될 수 있다'는 것을 알았다. 그렇게 장애인운동을 시작했다. 그것이 곧 '나의 운동'이라는 다짐을 할수록 활동이 재미있었다. 특수교육진흥법을 만들고, 장애인 이동권 보장 운동을 하고, 장애인차별금지법 만드는 일을 했다. 장애인 당사자가 아니면서 이렇게 열심히 활동을 한 데는 어떤 이유가 있을까 궁금했다.

❝장애인 당사자가 아니지만 장애 감수성을 가지려고 노력했어요. 당사자의 처지에서 생각하고, 고민하고, 확인하고요. 내가 장애 감수성을 충만하게 가지고 있어도 내 몸은 장애가 없고, 장애에 익숙하지 않기 때문에 항상 '물어보는' 자세를 가지고 살았어요. 장애인운동에서 장애인 당사자냐 아니냐는 중요하지 않아요. 장애를 가진 사람의 인권에 집중하는 운동에는 당사자가 갖는 문제의식에 초점을 맞춰요.

청각장애인 당사자와 만났을 때는 반드시 눈을 보고 말하고, 휠체어를 타는 장애인에게는 휠체어를 밀어도 되냐고 물어보고, 시각장애인을 만나면 제가 안내해도 되냐고 물어보고요. 당사자에게 확실한 답변을 들은 뒤에 도와야 한다는 거예요. 이렇게 하면 내가 장애가 없더라도 장애인 당사자로부터 배척당하는 일은 거의 없어요. 오히려 장애가 있는 활동가들은 비장애인과 함께 활동하는 것을 무척 좋아해요. 왜냐하면 업무를 빠르게 할 수 있으니까요. 장애가 있는 사람이 빨리 못하는 일을 비장애인이 하면 되니까요. 비장애인은 아무래도 힘쓰는 일을 잘할 수 있고, 격렬한 싸움을 할 때 장애 당사자의 바람막이가 돼줄 수 있잖아요. 그러다 보면 협력하고 연대하는 관계가 될 수밖에 없어요.

활동하면서 장애인 당사자와 부딪힌 적은 별로 없어요. 누군가 나를 오해하고 말을 하면 나는 비난하는 말로 답하지 않아요. '혹시, 궁금한 게 있어?'라고 묻거나, '내 생각은 이런데 너는 어때?'라고 질문을 해요. 누군가 나를 비난해도 엉엉 울지는 않아요. 그냥 바로 그 사람과 직면해서 얘기를 하는 편이에요.

장애인 당사자는 제대로 된 교육을 받지 못한 경우가 많아요. 교육을 받지 못하니까 직업을 갖기도 힘들고요. 결국 국가와 사회에 의존하는 몸으로 변신한다고 해요. 사실은 변신이 아니죠. 장애를 갖고 싶어서 가진 것은 아니니까요. 사회는 장애인을 무능력한 사람으로 여기고 돌팔매를 던지기도 해요. 이럴 때 장애인 당사자는 내가 얼마나 소중한 사람인지, 존중받아야 할 사람인지를 알아야 해요. 그리고 말해야 해요. '나는 차별당하고 있다, 인권 침해를 받고 있다'고요. 어느 누구도 장애인의 인권을 함부로 짓밟지 못하도록 하는 것이 장애인운동의 첫걸음이에요."

장애해방이 곧 인간해방이라는 믿음

나는 90년대 중반 대학을 졸업하자마자 장애인운동에 뛰어들었다. 당시만 해도 거리를 활보하는 장애인을 쉽게 볼 수 없었다. 한국의 도시는 기본적으로 장애인이 집 밖으로 나올 수 있는 환경이 아니었다. 휠체어가 다닐 수 있는 길이 턱없이 부족했고, 엘리베이터가 설치된 건물이 많지 않아 자유로운 이동은 언감생심이었다. 물리적인 이유는 이와 같지만 더 큰 이유는 장애인을 보는 사회의 '시선'이었다. 어쩌다 휠체어를 타고 거리에 나가면 '몸도 불편한데 집에 있지 뭐하러 나올까' 하는 따가운 눈초리를 받아야 했다. 그런 눈초리를 받으니 차라리 집 안에 갇혀 있는 게 마음이 편했다.

30년이 지난 지금, 세상은 얼마나 변했을까. 눈에 띄게 변한 것이 있다면, 모든 지하철역에 엘리베이터를 설치토록 한 것과 휠체어로 승차할 수 있는 저상버스가 도입된 것, 중증장애인을 위한 장애인활동지원사 사업이 생긴 것, 2007년 제정된 '장애인차별금지법' 등이다.

박옥순은 2020년 12월 1일, 한국장애인인권상 '인권실천' 부문으로 상을 받았다. 수상 이유는 '지난 30여 년간 장애등급제와 부양의무제 폐지, 장애인 이동권 보장, 장애인 노동권을 확충하고 일상의 다양한 부분에서 장애인이 차별받거나 배제되지 않고 권리를 보장받을 수 있도록 헌신했으며, (중략) 장애인 거주 시설

비리와 인권 침해 사항을 고발하고 개선을 촉구하는 활동을 했'기 때문이다.

"(인권상)추천을 받았고, 마지못해 후보로 올라 상을 받았어요. 그런데 너무 민망하고 부끄러워요. 별로 한 것도 없는데 다른 곳으로 옮기지 않고 한곳에서 오래 활동해서 상을 준 것 같아요. 사실, 올해는 코로나19 때문에 후원금 상황이 많이 안 좋아요. 전장연은 정부지원금을 한 푼도 받지 않는 단체거든요. 이 상에는 상금이 있어요. 전장연에서 (농담이지만) 저를 팔아서 열악한 재정 상황을 만회해 보자고(웃음). 재미있게 활동한 것뿐인데 상을 준다고 하니까 부끄러워서 숨고 싶어요."

장애인 당사자가 아니면서 30여 년간 장애인 당사자와 호흡을 맞추며 활동하기란 쉽지 않다. 그가 꾸준히 활동할 수 있었던 동기는 '장애해방이 곧 인간해방'이라는 믿음에 있었다.

"이제 겨우 장애인이 이동할 수 있는 사회가 됐어요. 중증장애인을 위한 활동지원사가 생겨서 본인의 의지대로 활동할 수 있는 길이 열렸고, 탈시설 지원 조례가 만들어져서 시설에서 나오면 주거 지원을 받을 수 있어요. 장애등급제를 없애는 싸움을 해서 등급제가 폐지됐고요. 하지만 아직도 갈

길이 멀어요.

올해는 코로나19 때문에 많이 힘들었어요. 활동지원사는 확진자가 아닌 장애인에게 서비스하는 것도 불안해했어요. 그래서 당사자의 집에 갈 수 없었고, 복지관도 문을 닫았고, 장애인은 집 안에 고립되어 지낼 수밖에 없었어요. 고통스러운 시간을 견디고 있는 거죠. 시설은 확진자가 발생하면 코호트 격리해 버리고. 그래서 하루빨리 시설에서 나와 지역사회에서 독립적인 생활을 할 수 있는 주거 형태를 만들어야 해요.

작년 여름에 대구에서 확진자가 막 늘어나고 있을 때 활동지원사가 부족해서 서울의 활동가들이 내려가서 지원을 했어요."

하루아침에 바뀌지는 않지만

코로나19로 어느 한 사람 고통받지 않은 사람이 없다. 재난은 특히 취약계층에게 가혹하다. 장애를 가진 것도 서러운데 재난조차 차별로 다가오니 얼마나 막막할까. 나 역시 청각장애가 있어서 지옥 같은 나날을 보내고 있다. 집 밖에 나가는 게 두렵다. 어디를 가든 마스크를 쓰고 있어서 질문을 하기가 겁난다. 그럼에도 불구하고 살아남아야 하는 이유, 그 이유를 찾기 위해 박옥순을 만났다. 박옥순은 내 속을 알고 있었다는 듯이 말했다.

"우리 모두가 인권의 주체잖아요. 내가 소중한 존재라는 것을 알아야 살아갈 힘이 생기고, 싸워야 할 동기가 생겨요. 본인이 행복해지기를 바라듯이 장애가 있는 사람들도 행복할 권리가 있다는 것을 사람들이 알았으면 좋겠어요. 우리는 지금까지 충분히 쉽지 않은 세상을 살아왔어요. 모든 것은 하루아침에 바뀌지 않아요. 30년간 장애인운동을 하면서 이 정도 바뀌었고, 앞으로도 바뀌어야 할 제도나 정책이 많아요. 얼마나 더 가야 할지 모르지만 그날은 반드시 온다는 희망과 꿈을 가지고 있어요. 그 꿈은 우리의 열정을 만들고 열정은 한 발 더 나갈 수 있는 동력이니까요."

박옥순의 말을 듣고 힘이 났다. 그리고 한 가지 놀라운 사실을 발견했다. 전장연은 30년 된 활동가와 신입 활동가의 활동비가 같다는 것이다. 최저임금을 겨우 맞춘 활동비로 험난한 싸움을 하고 있는 그들에게 존경을 보낸다.

이주노동자들 없으면
한국은 존속할 수 없어요

처참한 미얀마 상황을 어떻게 말로 다 할 수 있을까. 미얀마의 민주화 시위는 지금도 계속되고 있다. 이주민 활동을 하는 사람이라면 신경을 안 쓸래야 안 쓸 수 없을 것이다. 무너져 내리는 활동가의 마음을 위로할 방법이 무엇이 있을까. 일단 찾아가서 만나보는 것이 첫 번째라는 생각으로 비가 추적추적 내리는 지난 6월 3일, 부천의 '아시아인권문화연대'를 찾았다.

피난처에 찾아갔다가 바뀐 삶

경기도 부천 도당동의 강남시장 안에 자리 잡은 아시아인권문화연대의 문을 열자 이란주 대표가 반갑게 맞았다. 이란주 씨와 나는 '역사와 산'이라는 등산 모임에서 안면을 튼 사이다. 벌써 27년이란 세월이 흘렀다. 그 사이 우리는 흰머리가 나풀거리는 중년이 되었다.

"이가 없으면 잇몸으로 살아요."

안부를 주고받을 새도 없이 흘린 이란주의 첫마디에 가슴이 싸하게 내려앉았다. 25년 동안 이주민 관련 활동을 하기란 쉽지 않은 일이다. 그는 무슨 생각으로 이주민들과 동고동락하는 삶을 선택한 것일까. 궁금한 것이 많았다. 하지만 다 물을 수 없었다. 그의 얼굴에서 무너져 내리고 있는 마음을 보았기 때문이다.

"1994년, <한겨레 21> 창간호에 '외국인노동자피난처'라는 단체의 활동을 소개하는 기사가 실렸어요. 그 기사를 보고 그해 가을에 피난처에 찾아갔어요. 당시만 해도 '이주민'이라는 단어조차 없을 때였어요. 그런데 이 단체의 활동으로 이주노동자 이슈가 사회적으로 확산됩니다. 그래서 지역마다 이주노동자 지원 활동이 시작됐고, 부천 지역 활동에 제가 결합하게 됐어요. 피난처에 찾아갔다가 그 자리에 멈춰 서게 된 거죠(웃음)."

외국인노동자피난처는 1994년도에 산재 당한 미등록 이주노동자들에게 산업재해보상보험법을 적용해 달라는 투쟁을 한다. 마침내 싸움에서 이겼지만 치료와 보상을 받지 못하고 자기 나라로 돌아간 노동자들이 있었다. 활동가들은 그 이주노동자들을 찾아 나선다. 외국인노동자피난처는 국내 활동을 쉬게 되고, 이란주는 '부천외국인노동자의집'에서 활동을 시작한다.

" 부천외국인노동자의집에서 일할 때예요. 저에게 산업재해 문제로 처음 상담했던 분은 목재 회사에서 일했던 방글라데시 사람이었어요. 한 손이 기계에 눌려 못 쓰게 된 상황이었어요. 사업장은 상시노동자가 5인 이상이라는 점을 입증하지 못해서 산업재해보상보험법 적용이 안 되고 있었어요. 사실은 일용노동자를 많이 썼기 때문에 5인이 훨씬 넘는 사업장이었죠. 사업주도 어떻게든 보상을 해주고 싶었지만 이미 병원비로 많은 돈을 썼기 때문에 어쩌지 못하고 있었어요.

제가 이주노동자와 함께 공장에 찾아갔어요. 사장은 공장 옆에 살림집을 두었는데 공장이나 살림집이나 다 판잣집이었어요. 사장 부인이 마당에서 목재 부스러기를 태우고 있었는데 저를 보더니 빗자루로 막 때리는 거예요. 이주노동자는 제 뒤로 와서 숨고요. 진짜 황당하죠. 회사와 우리 단체가 협력해서 산재 적용을 받게 해보려고 노력했지만 진척이 없었거든요.

그 일이 있던 즈음 이주노동 관련 활동가들이 모여서 이주노동자 보호법을 만들자는 운동을 해요. 명동성당 앞에서 농성을 했어요. 여러 언론사에서 취재를 많이 왔어요. 당시 농성단은 역할 분담을 하고 있었어요. 언론 담당, 살림 담당 등등. 저는 살림 담당이었어요.

그런데 선배들이 없는 사이에 조선일보에서 취재를 왔어요. 그 당시에도 조선일보 취재에는 응하지 말자는 약속이 있었어요. 그런데 조선일보 기자가 집요하게 물어보길래, 제가 '저 아저씨를 봐라. 산재를 당했는데 보상도 못 받고 너무 힘들어 한다'고 투덜거렸지요. 그랬는데 어떻게 취재했는지 다음 날 조선일보에 기사가 났고 매우 빠르게 산재 승인이 났어요. 우리가 아무리 산재 적용을 요구해도 안 됐던 일을 조선일보 기사가 해결한 거죠. 그래서 방글라데시 아저씨는 보상을 받았어요. 조선일보는 우리가 인정하지 않는 언론이지만 좋은 일을 할 때도 있구나 하면서 처음이자 마지막으로 고마웠죠(웃음)."

힘들어도 각국의 다양한 친구들을 만나는 재미

산재를 당한 이주노동자가 치료와 보상을 받지 못하는 것을 옆에서 지켜본 활동가는 얼마나 마음이 아팠을까. 물론 지켜만 보지는 않았다. 동분서주하며 어떻게든 보상을 받게 하려고 불철주야 뛰어다녔다. 자주 그 일을 겪는 이란주의 가슴은 타들어 가는 것을 넘어 숯덩이가 된 지 오래다.

"이주노동자들은 대부분 진취적이고 굉장히 열심히 일하는 분들이에요. 제가 활동하면서 가장 힘들 때는 사람들이 다치거나 아파서 치료해야 하는데 돈이 없을 때예요. 이주노동자들이 일하다가 다쳐서 큰 수술을 해야 하는데 돈은 없고, 열심히 모금을 해도 수천만 원이 드는 병원비를 마련하기는 힘들죠. 건강보험 적용이 안 되니까 어지간하게 큰 수술을 하면 천만 원이 넘는 건 기본이에요. 그래서 돈 없을 때가 제일 힘들었어요.

힘들고 지칠 때도 있지만 재미있을 때도 많아요. 무엇보다 각국의 다양한 친구들을 만날 수 있다는 점이에요. 이 활동이 아니면 어디서도 맛볼 수 없는 기쁨이죠. 다양한 나라에서 온 다양한 문화와 사고를 가진 친구들을 한국에 콕 박혀 살면서도 만날 수 있다는 게 얼마나 큰 행운인지 몰라요. 시야가 저절로 넓어지는 것은 덤이고요(웃음). 거기다 이주민들이 워낙 어려운 상황에서 살다 보니 볼 것, 못 볼 것 다 봐요. 서로 지지고 볶고 하면서 지내니까 관계가 아주 친밀해요. 원래 가족보다 더 가깝다고 해도 과언이 아닐 정도로."

힘든 일이 많지만 배우는 것이 많고 보람된 일도 많기에 그 자리에 있는 것이리라. 그렇지만 모든 활동가가 그렇듯이 이란주라고 소진이 오지 않았을까, 도망가고 싶을 때가 없었을까, 외롭지 않았을까.

매일 도망가고 싶었지만

"도망가고 싶을 때요? 매일 도망가고 싶은데 도망갈 곳이 없어서 못 간 거예요(웃음). 정말 어떻게 할 수 없을 때는 주저앉아서 하염없이 울기도 했어요. 가만히 있어도 눈물이 줄줄 흐르는 거예요. 출근해서 창문을 열고 밖을 바라보는데 눈물이 그냥 터져요. 당시 곁에 계시던 독일에서 간호사로 일하다가 온 자원활동가가 그래요. '너 우울증이야. 치료받아야 해.' 그래서 이 증상이 우울증인 걸 알았어요.

병원에 갔는데, 제가 의사한테 막 덤벼요. '당신이 뭘 알아야 치료를 해줄 거 아니야'라는 마음으로. 한마디로 오만한 환자인 거죠. 약 부작용이 심했어요. 약을 먹을 수 없었죠. 증상이 있으면 출근을 하지 말고 치료하고 쉬어야 하는데 죽어라고 나와서 눈물 줄줄 흘리고 있으니까 옆에 있는 동료들은 얼마나 힘들었겠어요. 더 심각했던 점은, 어려운 일이 있어서 상담하러 온 이주노동자에게 제가 화를 내고 있는 거예요. 그래서 그즈음부터 꼭 필요한 경우가 아니면 상담은 피하려고 해요."

나도 쪽방촌 주민 공동체 활동을 할 때, 주민에게 감정이입이 되어 판단력이 흐려진 적이 있다. 혼자 감당하기 힘들어 매일 술을 마셨다. 그것도 안 되면 아무나 붙잡고 수다를 떨었다. 하지만 순간적인 모면이었고 상황을 회피하는 것밖에 안 됐다. 어느 날부터 나도 모르게 우울한 감정이 몰려왔다. 아무리 노력해도 쉬 변하지 않는 사회는 허탈한 마음이 들게 하고도 남았다. 이란주의 이야기를 들으면서 그때의 상황이 잠시 오버랩되었다.

보여주고 싶지 않은 아픈 모습을 보여주고 상처받은 마음을 꺼내어 이야기하는 것은 얼마나 힘든 일일까. 몇 달 전에 한 인터뷰 제안을 거절하고, 두 번째 제안을 했을 때야 마지못해 수락한 심정을 이해할 만했다. 그럼에도 나는 질문을 하고 대화를 이어 갈 수밖에 없었다. 더 많은 사람에게 이주민의 삶을 보여주고, 이주 활동가의 이야기를 들려주고 싶었기 때문이다.

"2006년 즈음에 '이주민'이라는 용어가 생겼어요. 노동을 비롯해 다양한 활동을 하는 이들이 늘어나던 시점이라 '이주민이 이 사회 안에서 어떻게 공존할 것인가'라는 고민을 하게 되었어요. 그전에는 공존이라는 고민 자체가 없었어요. 우리 사회가 이주민을 바라보는 시각은 '잠깐 일만 하고 갈 사람'이었어요. 그래서 공존에 대한 고민을 하지 않았는데, 결혼 이주자가 늘어나고 자녀가 생기니까 고민을 하기 시작한 거죠.

우리 단체(아시아인권문화연대)에서는 교육을 통해서 문제에 접근하는 활동을 하고 있어요. 이를테면 다문화 교육, 공존 교육, 상호 문화 교육 등 다양한 이름으로 사회통합을 제안하고 시도하는 거죠. 주요 참여자는 한국 사람들이에요. 이주자의 인권은 이주자의 힘만으로 향상시킬 수 없어요. 이주자를 둘러싼 다수자의 인식이 변해야 이주자의 인권 상황이 좋아져요.**"**

자나 깨나 이주민 걱정만 하고 있는 이란주는 코로나19가 터지면서 학교가 멈추고 집합 활동이 금지되자 이주민 자녀들의 학습역량이 떨어지고 언어발달에도 지장이 생기는 것을 알게 되었다. 마냥 두고 볼 수만은 없어서 조금씩 모임과 교육 활동을 다시 시작하고 있다.

코로나19를 피해갈 수 있는 곳은 단 한 곳도 없다는 것을 다시 한번 실감했다. 매일매일 이주민을 만나고 한국인을 대상으로 교육을 해도 이주민의 인권이 보장될까 말까인데, 역병이 왔다. 감옥에 갇힌 듯 아무것도 할 수 있는 게 없는 절망의 시간을 보냈다.

이주민과 평등하게 공존하기 위하여

이란주에게 꿈이 무엇인지를 물었다. 돌아온 답을 들으며 잠시 처연해졌다.

"이 나이에 꿈이라니요(웃음). 무엇이 꿈이다, 무엇에 소질이 있다 없다를 생각할 겨를이 없어요. 재능이 있느냐, 할 수 있느냐에 상관없이 무슨 일이든 부딪쳐야 하고 대부분 스스로 해결해야 하니까요. 뭐든지 닥치면 다 해야 하는 상황은 활동가라면 누구나 마찬가지 아닐까요? 돈으로 해결할 수 없으니까요. 쌓인 스트레스가 많다 보니 푸는 법이 딱히 정해져 있지 않아요. 있다면, 새로 생긴 스트레스가 그전 스트레스를 밀어내는 형국이라고나 할까요?(웃음) 그냥 잊어버리는 거죠."

최고의 멀티플레이어가 되어야만 활동가의 자질이 있는 것은 아닐까, 라는 생각을 한 적이 있다. 그러나 곧 마음을 고쳐먹었다. 최고의 멀티플레이어라니. 그것만큼 폭력적인 단어가 어디에 있단 말인가. 이 세상 어디에도 만능 인간은 존재하지 않는다. 평등하지 않고 불합리한 사회환경에 적응하며 살라고 만든 말일 것이다. 인간의 한계를 뛰어넘는 일을 너무 많이 겪는 활동가에게 '소진'은 어쩌면 당연한 결과가 아닐까.

이주민 옆에서 오랫동안 활동한 사람이기에 실무와 동떨어진 정책을 다루는 공무원과는 다르게 생각하는 지점이 있을 것이다. 그런 기대 속에서 한국사회가 이주민을 바라보는 가장 큰 문제는 무엇인지를 물었다.

"평등하게 보지 않는다는 점이죠. 이주민도 나랑 똑같은 인간이고, 똑같은 권리를 갖고 있고, 감정이 있고, 행복하고자 하는 욕구를 가진 사람이라는 걸 인정하지 않는 것이 가장 큰 문제예요. 그걸 인정하고 내가 행복하고 싶은 만큼 이 사람도 행복하고 싶겠구나, 라고 생각하면 다음 단계로 갈 수 있는데, 그게 잘 안 되고 있어요.

내국인의 일자리를 이주민에게 다 빼앗기고 있다고요? 웃기는 X소리예요. '이주노동자들이 일하는 곳에 가서 일할래요?'라고 물으면 아마 백이면 백 모두 안 간다고 할 거예요. 이주노동자들의 일자리는 그만큼 열악하니까요. 노동 환경을 개선하지 않아 한국인들이 일하러 오지 않으니 정부나 기업은 외국인을 고용하는 거예요. 우리나라는 한국인이 일하고 싶어하는 일자리를 절대 이주노동자에게 주지 않아요. 안 좋은 일자리만 주면서 이주노동자에게 일자리를 빼앗겼다고 하는 건 다 거짓말이에요.

한국은 예상보다 빨리 인구가 감소하고 있어요. 그래서 이주민을 늘릴 수밖에 없는 상황에 처했어요. 한국이 괜찮은 사회, 괜찮은 나라가 되려면 이주민과 평등하게 공존하려는 노력을 해야 해요. 그렇게 하지 않으면 감소하는 인구문제를 감당하기 힘들어져요. 공존하려는 노력을 지금보다 훨씬 많이 해야 해요. 공정하지 않고 민주적이지 않고 인권이 보장되지 않는 사회에서는 이주민뿐 아니라 한국 사람들도 살기 힘들잖아요!"

이주민을 대하는 한국인의 태도

이란주는 우리 사회의 더딘 변화가 현장에서 발로 뛰기만 한다고 해결되지 않는다는 것을 알았다. 이주민이 처한 상황을 알릴 수 있는 방법이라면 무엇이든 해야 한다는 생각에 책을 쓰기로 했다. 그렇게 해서 나온 책이 《말해요, 찬드라》(삶창, 2003), 《아빠, 제발 잡히지 마》(삶창, 2009), 《나의 미누 삼촌》(우리학교, 2019)이다. 최근에 나온 르포 소설 《로지나 노, 지나》(우리학교, 2020)에는 국내에 1~2만 명가량 되는 비자 없는 미등록 아이들이 겪는 이야기가 담겼다. 2020년 1월부터 4주에 한 번씩 한겨레 신문에 〈이란주의 할 말 많은 눈동자〉라는 타이틀로 이주민의 이야기를 연재하고 있다.

이렇게 활발한 글쓰기를 하고 있는 이란주에게 이주민을 대하는 한국인의 수준을 물었더니, "아직 멀었다"며 딱 잘라 말했다.

❝이주민을 대하는 평등한 시각이 열 발자국이라면 이제 겨우 두 발자국 간 것 같아요. 아직도 여덟 발자국을 더 가야 하니까 많이 가야 하죠. 이주노동자 없이 우리 사회는 존속하기 힘들어요. 그들의 도움 없이 사회에 필요한 노동력을 해결할 수 없어요. 우리는 열악한 노동현장에서 일할 사람이 부족해서 이주노동자에게 노동을 부탁했어요. 그 알토란같은 노동력을 쓰면서 존재를 인정하지도 않고, 존중하지도 않는 것은 이율배반적이죠. 이것은 우리 사회의 양심이 걸려 있는 문제가 아닐까요?❞

　　인터뷰하는 내내 이주노동자에 대한 미안함이 가득한 얼굴로 대화를 이어 간 이란주의 얼굴이 잊히지 않는다. 아침이면 오늘 할 일을 머릿속에 담고 출근하지만, 막상 사무실에 나오면 계획한 일을 하기보다는 갑자기 생긴 일을 처리할 때가 더 많다는 이란주 활동가. 그의 헌신과 열정으로 우리 사회의 품격이 한층 업그레이드되고 있다.

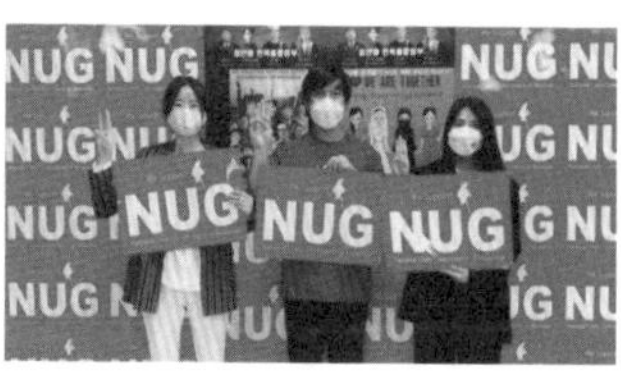

대학 거부하고
데이터 도사가 되다

오랜만에 단비가 내렸다. 하지가 지나자 곧바로 장마가 시작되려나 보다. 성수동 헤이그라운드에서 일하는 김자유 씨를 만나기 위해 전철을 탔다. 지하철이 지상으로 나오자 빗방울이 예쁘게 유리창에 맺혔다. 아침부터 내린 비가 아직 그치지 않았다.

얼마 전에 SNS에서 '데이터로 세상을 바꿉니다'라는 제목의 글을 봤다. 인터뷰이가 김자유였다. 나는 김자유를 '공동체IT 사회적협동조합'(이하 IT사협)에서 처음 보았다. IT사협은 '비영리단체의 부족한 IT 활용 능력을 돕고 기술 공동체를 만들자'는 취지로 2016년에 만들어진 사회적협동조합이다.

나는 컴맹에서 탈출하고자 하는 마음으로 그곳의 조합원이 됐다. 컴퓨터 활용 능력을 배운다는 것은 핑계였다. 그곳에서 새로운 사람들을 만났고, 내가 알지 못하는 세계에서 벌어지는 이야기를 듣는 재미가 더 컸다. IT사협에는 프로그램 개발자가 많다. 하지만 조직을 책임질 사람이 필요했다. IT사협은 김자유에게 이사장을 맡아 달라고 요청했다. 본인의 사업을 꾸려가기도 벅찼지만, 상생하는 관계니 수락할 수밖에 없었다. 결국 그는 2019년에 IT사협의 이사장이 된다.

수능 보는 날 대학 거부 모임 만들어

나는 김자유에 대해 궁금한 게 많았다. 인터뷰 약속을 잡고 그의 사업장이 있는 헤이그라운드로 갔다. 저녁 식사시간이라 배가 고팠다. 센스 있는 김자유는 김밥과 만두를 준비해 놓고 기다리고 있었다. 헤이그라운드 10층의 커뮤니티 공간은 김자유의 이름처럼 '자유로운' 분위기였다.

❝제가 고등학교 다닐 때 처음으로 교육감을 직선제로 뽑았어요. 그때 당선된 사람이 김상곤 교육감이에요. 굉장히 혁신적인 공약을 내걸고 당선이 됐어요. 학생인권조례 제정, 혁신학교 모델 확산, 일제고사 반대 등이 핵심 정책이었어요. 충격적인 정책이었어요. 공교육은 당연히 학생의 인권을 억압하고 입시경쟁을 조장하는 곳인데, 정반대의 목소리를

냈으니까요. 큰 자극을 받았어요. 알 수 없는 미래를 언제 바꿀 수 있을까, 하는 비관적인 생각이 '오늘 당장 바꿀 수 있다'는 확신으로 바뀌었어요.

진보 교육감이 당선되고도 임기 내내 맞네, 틀리네 하면서 많은 일이 있었어요. 학교 다니는 내내 그 과정을 지켜봤어요. 작게나마 내가 할 수 있는 일이 무엇이 있는지를 찾다가 학생회장이 됐어요. 학생회장을 하면서 본의 아니게 선생님들과 싸우기도 했고요. 기억하시는 분도 계실 텐데, 당시에 '한국고등학교학생회연합회'라는 단체가 있었어요. 그 단체의 의장을 맡았어요. 그러면서 자연스럽게 교육운동 하는 분들과 만났어요.

고3이 되니 본격적으로 입시 문제를 고민하게 됐어요. 과연 '우리나라 입시제도가 제대로 된 건가' 하는 의문이 생겼어요. 수능 중심의 입시 교육이 잘못됐다는 걸 안 후에 수능을 본다는 게 용납이 안 됐어요. 그래서 수능 원서를 내지 않고 또래 청소년 활동가들과 '대학 입시 거부로 삶을 바꾸는 투명가방끈'이라는 모임을 만들었어요. 수능시험 보는 날에 청소년·청년 50여 명이 모여서 대학 거부 기자회견을 했어요. 투명가방끈은 지금 100명이 넘는 회원이 있고 비진학 청소년, 청년들을 위한 활동을 하는 어엿한 단체가 됐어요. 매년 수능 날이 되면 대학 입시 거부 선언을 해요.

그리고 대학에 가지 않은 비진학자들의 자립을 위한 주

김자유 _____ 071

거 문제를 해결하기 위해 사회주택을 건립하기로 했어요. 며칠 전에 이 프로젝트를 추진할 '다다다 협동조합'을 만들어 창립총회를 열었어요. 뜻 맞는 조합원을 모집하고 있다고 해요. 관심과 응원을 부탁드려요 (웃음)."

김자유는 1994년생이다. 고등학교 때부터 학생 인권 문제와 입시제도 문제에 눈을 떴다. 고교를 졸업할 즈음, 시민운동을 하겠다는 결심은 더 확고해졌다. 전부터 관심 있었던 시민단체인 '사교육걱정없는세상'에서 대학정책 담당자를 뽑는다는 공고를 보았다. 곧바로 지원했고 채용되었다. 이때부터 김자유는 본격적인 시민운동가로 산다.

데이터 분석 기법 배워 비영리단체에 적용

"사교육걱정없는세상에 온라인 채널 및 홈페이지 등을 관리하는 전담자가 없었어요. 저는 어릴 때부터 IT 쪽에 관심이 많았어요. 자연스럽게 그 일을 같이 했어요. 그러던 어느날 제가 홍보 쪽 일을 꽤 잘한다는 걸 발견했어요. 그래서 아예 온라인 홍보 전담자로 일했어요. 사교육걱정없는세상에서 2년 정도 일하다가 녹색당으로 일터를 옮겨 녹색당 전국사무처 온라인 홍보 담당자로 일했어요.

온라인 홍보를 어떻게 하면 더 잘할 수 있을까를 고민하다가 데이터 분석을 알게 됐어요. 구글 애널리틱스라는 무료 홈페이지 분석 툴을 사용하면 마케팅의 성과를 정확히 측정할 수 있다는 걸 알았어요. 충격이었어요. 이 도구를 통해 우리 사이트에 몇 명이 들어왔고, 몇 명이 후원했고 몇 명이 서명했는지를 알 수 있어요. 이 기술을 활용해서 내가 페이스북에 홍보할지 아니면 이메일 홍보를 할지를 선택할 수 있어요. 영리기업에서는 상식처럼 사용하고 있는데 비영리 섹터에서는 아무도 알지 못한다는 걸 알고 놀랐어요. 뭔가 잘못됐다고 생각했죠. 그래서 내가 데이터 분석 기법을 공부해서 비영리 단체에 적용하고 확산시키는 일을 해야겠다고 마음먹었어요.

때마침 그와 관련한 교육이 있어서 열심히 배우러 다녔어요. 어느 날, 강사님이 채용공고를 냈어요. 용기를 내서 도전했고, 채용이 됐어요. '데이터리서스'라는 글로벌 데이터 분석 기업의 한국지사 초기 멤버로 일할 수 있었어요. 1년 반 동안 국내 주요 대기업에 데이터 마케팅을 도입하는 일을 했어요. 일하면서도 어떻게 하면 이것을 비영리단체에 적용할 수 있을까를 계속 고민했어요."

대기업은 데이터 마케팅 기법을 활용해서 돈을 번다. 비영리단체도 이 툴을 이용해 홍보하고 모금을 하면 훨씬 영향력 있는 일을 많이 할 수 있을 것이라고 확신한 김자유는 창업을 결심한다.

우리에게 필요한 건 스몰데이터

"2017년에 '누구나데이터'라는 회사를 만들었어요. 크게 두 가지 일을 해요. 하나는 조직에서 데이터를 기반으로 마케팅을 할 때 구글 애널리틱스(GA)라는 툴을 잘 활용할 수 있도록 돕는 일이고요. 다른 하나는 저희가 만든 '캠페이너스'라는 툴을 이용해 비영리단체의 웹사이트를 만드는 거예요. 캠페이너스는 구글애널리틱스 툴을 사용할 수 있는 기능을 갖추고 있어서 초보자도 쉽게 데이터 분석을 할 수 있어요.

비영리단체 활동가들은 공익 활동의 전문성을 갖고 있어요. 하지만 마케팅과 모금에 대해서는 모르는 게 많아요. 시민들은 디지털 매체로 옮겨간 지 한참 됐는데 비영리단체는 아직도 거리 모금, 전화 모금, 후원의 밤 등 전통적인 방법으로 후원자를 모집하죠. 이 부분을 해결하기 위한 교육이 필요한데 거의 없어요. 영리단체는 이와 관련된 직무교육을 엄청 많이 해요. 저는 이것도 사회 문제라고 봐요. 그래서 이 문제를 풀기 위해 '비영리 조직 업무의 디지털 전환'이라는 주제로 교육을 준비하고 있어요.

'빅데이터'라는 말 들어보셨죠? 그 말을 하도 많이 쓰니까 반감이 생겼어요. 그래서 저는 거기에 대응하듯, '스몰데이터'라는 말을 써요(웃음). 보통 빅데이터 하면 방대한 데이터를 다루는 모습을 떠올리죠. 소셜 미디어, 검색 데이터를 통해 소비자 트렌드를 파악하고 거기에 대응해야 한다고 주장하고요. 가끔 저희한테도 그런 문의를 하시는 분들이 계시는데 저희의 영역은 아니에요. 저희는 철저하게 '우리 고객', 우리의 '잠재 고객'에 대한 데이터를 중요하게 봐요. 그들이 누구이고, 우리와 어떤 상호작용을 하고 있는지에 집중해요. 이것을 '스몰데이터'라고 표현한 거죠.

가끔 홈페이지 방문자가 너무 적은데 그래도 데이터 분석이 의미 있냐고 물어보세요. 그러면 저는 사람들이 거의 안 들어온다는 것을 아는 것만으로도 중요한 데이터라고 대답해요. 모든 일은 그걸 아는 것으로부터 출발하니까요."

고등학교 때부터 사회 문제에 눈을 뜬 사람이라 그런지 사물을 보는 관점이 남다르다. 김자유가 대학을 거부한 데는 이유가 있었다. 시작은 입시제도의 문제였지만, 대학에 가지 않아도 자신의 욕구에 귀 기울일 줄 알았고, 발상의 전환을 할 수 있었기 때문이다. 그에게 대학 진학은 돈과 시간을 낭비하는 것에 불과했다. 덕분에 김자유는 어떻게 하면 더 효과적으로 사회 문제를 해결할 수 있을까를 일찍부터 고민할 수 있었다. 그 활동은 지금도 계속되고 있다.

"저는 RSS(Rich Site Summary·Really Simple Syndication의 약자, 사이트를 직접 방문하지 않고도 최신 정보들을 골라 한자리에서 볼 수 있는 기능)라는 앱을 통해서 제가 관심 있는 사이트의 뉴스와 게시물을 실시간으로 봐요. 보통 사람들은 정보를 접할 때 SNS에 누군가 공유한 필터링된 기사를 보죠. RSS를 이용하면 내가 지정한 정보를 누구보다 빨리 받아 볼 수 있어요. 이왕이면 영문 사이트의 정보를 찾아보는 게 좋아요. 더 수준 높은 자료를 볼 수 있거든요.

주민등록증을 만든 지 얼마 안 됐어요. 피하고 피하다 창업 때문에 어쩔 수 없이 만들었어요. 한국에서는 내 지문정보를 국가에 제공하는 것을 너무나 당연하게 여기죠. 대부분의 선진국은 전 국민에게 주민등록번호와 신분증을 일괄 발급하고 관리하지 않거든요. 전 국민 지문정보를 수집하는 나라는 우리나라밖에 없어요. 지문은 대표적인 생체 정보고, 생체 정보는 민감한 정보라서 특수하게 다뤄요. 변경이 불가능하고 고유 식별이 가능하니까요. 이걸 국가가 예외 없이 수집하고 관리하는 것은 중대한 정보 인권 침해예요.

지문 날인을 거부하는 차원에서 주민등록증을 만들지 않았어요. 지금의 시스템이 당연한 것이 아니라 특수한 시스템이라는 것을 아는 것이 중요해요. 지문 날인 시스템은 독재 정권 시절에 간첩을 색출하고 국민을 편리하게 통제하기 위한 취지로 만든 거잖아요. **"**

인권 감수성이 뛰어나고, 아는 대로 실천하는 김자유의 이야기를 들으면서 많은 것을 배울 수 있었다. 나는 지문 날인에 대해 심각하게 고민하지 않았고, 별생각 없이 지문을 날인하고 주민증을 만들었다. 아마 우리 세대 대부분이 그랬을 것이다. 지문 날인 시스템에 대해 진지하게 고민했다는 김자유의 이야기가 무척 반갑게 들렸다. 이것은 우리 사회의 시민의식이 성숙하고 있고, 활동가들의 역량과 감수성도 발전하고 있다는 방증일 터다.

김자유는 개명을 했다. 그가 개명한 이유도 남다르다.

"닉네임이 '자유'였어요. 계속 그렇게 불리고 싶어서 법 절차를 밟고 2016년에 '김자유'로 개명했어요. 이름은 내가 만든 게 아니잖아요. 평생 가장 많이 듣는 소리가 자기 이름이에요. 내가 지향하는 단어로 이름이 불리면 그렇게 살 수 있지 않을까, 하는 바람으로 개명했어요. 개명하려고 마음먹으면 내 인생에 대해 진지하게 생각해 볼 수 있어요. 나를 돌아보게 되고요. 저는 개명 추천해요. 한번 해보세요(웃음)."

김자유의 이야기를 듣고 있자니 스콧 니어링의 말이 떠올랐다. "생각한 대로 살지 않으면 사는 대로 생각하게 된다."

비정규직 노동조합을 경험하니
그전으로 돌아갈 수 없었어요

2000년 10월 30일, 대학 졸업 뒤 스물세 살의 나이에 '코스콤'
(전 한국증권전산)이라는 공기업 성격의 회사와 이렇게 질긴 인
연을 맺게 될 줄은 몰랐다. (중략) '경력 쌓을 수 있고 월급만 잘
나오면 괜찮지' 하는 생각에 개의치 않았다. 입사 후 1년이 지
나도록 '아이티네이드'라는 회사와 '코스콤'과의 관계 때문에
혼란스러웠다. 계약은 코스콤과 했는데 월급은 아이티네이드
에서 나왔다.

　　　　　　　　　　　−2007년 〈작은책〉 9월호에 정인열이 쓴 글

비정규법이 시행된 2007년, 코스콤은 비정규직 노동자를 정규직
화하지 않기 위한 꼼수를 부렸다. 사내 인트라넷으로 하도급 직

원을 차단하고 업무 공간을 파티션으로 구분했고 회사 출입증을 교체했다. 이에 비정규직 노동자들은 전국증권산업노동조합 코스콤비정규직지부를 설립했다. 당시에 정인열은 부지부장을 맡고 있었다. 그해 11월에는 증권거래소(현 한국거래소) 건물 옥탑에서 22일 동안 단식농성을 했다.

정인열은 코스콤 싸움을 하기 전에는 노동조합에 대해 잘 몰랐다. 매일 회사에 출퇴근하고, 한 달에 한 번씩 받는 급여로 생계를 이어가는 평범한 시민이었다. 그러나 2007년 5월에 7년 동안 일했던 코스콤에서 비정규직노동조합을 만들고 인생이 바뀌었다. 노동조합을 알게 되었고, 부당한 대우를 받으며 일하는 비정규직 노동자가 있다는 걸 알았다.

맞서 싸웠다. 싸움은 쉽지 않았다. 우울증이 왔다. 계속 싸우다가는 지쳐서 죽을지도 모른다는 불안이 엄습했다. 그는 결국 2008년 12월 말, 475일간의 투쟁을 끝으로 퇴사를 결심했다.

뜨거운 가슴으로 살고 싶었다

본격적인 여름에 들어선 7월, 합정동 인근 카페에서 월간 〈작은 책〉 독자사업부에서 일하는 정인열 씨를 만났다.

"퇴사하고 너무 힘들어서 쉬고 있었어요. 어느 날 <작은 책> 발행인 안건모 선생님이 산악회 '역사와 산'에서 지리산에 가는데 같이 가자고 연락을 주셨어요. 제가 코스콤 싸움할 때 저를 인터뷰했었거든요. 그때부터 저하고 같이 일하고 싶다는 생각을 하셨대요.

코스콤 노동조합 경험이 <작은책>으로 이어진 것 같아요. 코스콤 투쟁 끝나고 서너 달 쉬었는데, 일반 회사에는 못 들어가겠더라고요. 가치관이 바뀌었고 뜨거운 가슴으로 비정규직 노동자로서 경험했던 것을 연결해보고 싶었어요. 활동가로 살기에는 수입이 적어서 고민하고 있을 때 <작은책>에서 같이 일해보자는 연락이 왔어요. 코스콤을 나오면서 꼭 노동자의 목소리를 듣는 일을 하고 싶다고 생각했거든요. 지금 <작은책>에서 그 일을 하고 있으니 꿈을 이룬 셈이죠. 벌써 10년이 됐네요(웃음)."

〈작은책〉은 '일하는 사람이 글을 써야 세상이 바뀐다'는 모토로 1995년 5월에 창간한 월간지다. 말이 월간지지 손바닥만한 크기에 200페이지가 안 되는, 그야말로 작은 책이다. 나는 2000년도부터 〈작은책〉을 구독하고 있다. 머지않아 책 출간이 중단될 줄 알았다. 필자 찾기도 힘들고 돈도 안 되는 책을 지속적으로 만드는 게 쉽지 않으니까. (적자가 심해) 2002년에 6월호와 7월호가 발행 중단됐을 때를 빼고는 쉬지 않고 책이 나왔다. 책이 계속 나오니까 끊지도 못하고 20년째 구독하고 있다.

〈작은책〉을 구독하면서 발견한 세 가지가 있다. 책은 작은데 묘하게 사람을 잡아끄는 매력이 있다는 점, 소소한 일상 이야기 외에도 전문가들이 쓴 귀한 정보가 담겨 있고, 어려운 내용도 쉽게 쓴다는 점이다. 나는 〈작은책〉 열혈 팬이다. 내 글도 여러 번 실렸다.

아무리 '작은 책'이라도 원고 청탁부터 편집, 교정, 발송까지 하려면 품이 이만저만 드는 게 아니다. 〈작은책〉은 일손이 적어서 더 그렇다. 안건모 대표, 유이분 편집장, 그리고 정인열. 딱 세 명이 다달이 책을 낸다. 이렇게 적은 인력으로 매달 책을 낸다는 건 쉽지 않은 일이다.

올해는 〈작은책〉을 창간한 지 25년째 되는 해다. 보통 이럴 때는 대표를 인터뷰하지만 나는 〈작은책〉 일꾼 정인열을 인터뷰하고 싶었다.

〈작은책〉의 매력

"〈작은책〉은 '일하는 사람들의 글, 소시민의 살아가는 이야기를 싣는 것'이 첫 번째 원칙이에요. 〈작은책〉은 한 달에 한 번씩 글쓰기 모임을 해요. 글쓰기 모임도 〈작은책〉이 만들어진 것만큼 오래됐어요. 글쓰기 모임에서 나온 글 중에 좋은 글을 뽑아서 싣는 경우가 많아요.

　<작은책>은 누구나 소소한 삶의 이야기를 쓸 수 있게 용기를 주는 잡지예요. 유명한 작가의 수려한 글이 아닌, 남편하고 싸운 얘기, 친구랑 지내면서 상처받은 얘기, 여성들이 독박육아 하면서 인정 못 받은 얘기를 실어요. TV나 라디오에도 나오지 않는 솔직한 얘기를 <작은책>에서 볼 수 있는게 매력이에요. 작은책의 이런 매력에 꽂힌 독자들이 많아요. <작은책>의 핵심은 '살아가는 이야기'예요.**"**

정인열은 <작은책>의 메인 코너인 '살아가는 이야기'에 애정을 듬뿍 담아 말했다. 이야기를 들으며 연신 고개를 끄덕였다. 나도 <작은책>의 '살아가는 이야기'를 보면서 울고 웃은 적이 한두번이 아니다. 평범한 사람들의 소소한 일상을 담는 월간지가 이땅에 얼마나 될까. 그래서 <작은책>에서 일하는 정인열을 단순히 책 만드는 사람이 아니라 '활동가'라고 부르고 싶었다.

"원고 청탁할 때 좀 힘들어요. 왜냐하면 <작은책>이 좋게 말하면 오래된 풀뿌리 잡지지만, 편하게 말하면 '듣보잡' 잡지잖아요. 이런 잡지사가 온종일 고된 일을 하는 노동자에게 원고를 청탁하는 게 미안하더라고요. 힘들게 일하고 나서 쉬어야 하는 시간에 글을 써달라고 하는 거니까요. 하기 싫은 숙제를 내주는 걸 좋아할 사람은 없죠. 그래도 기분 좋게 수

락하는 분들이 있어요. 반면에 원고 청탁을 거절당하면 '조금 더 유명한 잡지고 원고료도 많이 주는 곳이면 어땠을까' 하는 생각이 들어요.

또 한 가지는 원고 쓸 사람을 찾기가 힘들어요. 예를 들어서 중고차 딜러한테 원고를 받고 싶어서 전화를 걸어요. 연결이 잘 안 돼요. 연결돼도 글 쓸 사람이 없다고 거절해요. 그럴 때는 더이상 청탁하기가 힘들어요. <작은책> 일꾼으로서 자부심이 있으면서도 원고 청탁 거절당하면 좀 위축돼요(웃음).

청탁한 원고가 제때 안 들어올까봐 불안하기도 해요. 그러면 필자에게 어려움 없냐면서 전화 한 번 하고, 쓰고 있다고 하면 안심을 하는 거죠. 청탁 원고 받아서 편집하면서 매번 감동받아요. 저는 학교 다닐 때 전교조 선생님을 한 명도 못 만났어요. <작은책> '교사 이야기'에 들어온 원고를 보면서 많이 울었어요. 내가 만난 선생님들은 안 그랬는데 <작은책>에 글 쓰는 선생님들은 훌륭하셔서요. 그런 선생님들과 공부하는 아이들은 참 좋겠다는 생각도 들고."

정인열은 독자 관리, 회계 업무, 발송 업무를 맡고 있다. 올해 초까지는 한 달에 한 번 '일터 탐방' 기사를 썼다. 〈작은책〉에 와서 결혼하고 아이도 둘을 낳았다. 출산휴가를 쓰고 육아휴직도 1년씩 했다. 집은 경기도 성남이고 일터는 서울 합정동이다. 승용차로 출퇴근을 해도 1시간 반이나 걸린다. 시부모님과 함께 살고 있지만, 연로하셔서 아이들을 돌보기 힘들다. 남편의 출퇴근 시간은 정인열보다 이르고 늦기 때문에 육아는 온전히 정인열의 몫이다.

> **"**지금은 큰아이가 초등학교 5학년이고, 작은아이가 2학년이에요. 아이들이 여섯 살 되기 전까지는 정말 힘들었어요. 어린이집에 보내려면 어린이집 차가 오는 시간에 맞춰서 준비해야 하는데 애들이 어른 생각대로 안 움직이잖아요. (내가) 지각할까 봐 애들 닦달도 많이 하고, 혼내고, 그리고 출근했어요(웃음). 또 마감할 때는 새벽에 집에 들어가니까 애들이 엄마 언제 오냐고 수시로 전화하고. <작은책>은 노동자의 편에 선 잡지라서 배려를 많이 해줘요. 원고 편집해 놓은 거 볼 때는 정말 뿌듯하지요. 이 맛에 <작은책>에서 일하나 싶고(웃음).**"**

노동현장에 찾아가서 듣는 노동자의 일상

정인열은 〈작은책〉 '일터 탐방' 꼭지에 2010년부터 올해 1월까지 78편의 글을 썼다. 일터 탐방은 말 그대로 노동현장을 찾아가서 인터뷰한 글이다. 노동조합을 만드는 과정에서 겪은 부당한 대우, 비정규직 노동자의 일상을 생생하게 들려준다. 이 꼭지는 〈작은책〉이 '듣보잡'이라는 꼬리표를 떼기에 충분한 무게감이 있는 코너다.

그중에서도 유성기업 창조컨설팅 이야기인 '내 동생 광호가 왜 그랬을까', 예술인 노동자 이야기인 '내 몸값의 두 배를 팔아도 빚이 쌓인다', 쌍용양회공업의 시멘트 노동자 이야기인 '어릴 적 부르던 교가, 기가 막힌다', 영남대의료원 지부의 해고 조합원 박문진, 송영숙 씨의 이야기인 '보호자 침대는 저절로 생긴 게 아니다' 편이 가장 기억에 남는다고 한다.

> "지금 생각해보니까 10년 동안 78편의 일터 탐방 이야기를 썼더라고요. 지방으로 취재를 가기도 하고, 갔다 오면 며칠 걸려서 녹취록 풀고, 녹취록 풀어서 기사 쓰려면 힘들죠. 물론 쓰고 나면 뿌듯하지만요(웃음).
>
> 〈작은책〉에서 언제까지 일할지는 모르지만, 그동안 쓴 일터 탐방 기사를 묶어서 책으로 내고 싶어요. 요즘 이런 책을 내줄 곳이 있을지는 모르겠지만요. 다시 일터 탐방을 쓰게 되면 IT 노동자를 취재하고 싶어요. IT 쪽이 예전보다 프리랜서로 일하거나 외주 용역으로 일하는 사람이 많아졌거든요."

여전히 글쓰기가 힘들지만, 글 쓰는 것의 의미를 잊지 않고 사는 정인열. 〈작은책〉은 그녀의 일터다. 사회를 변화시키는 노동자의 글을 찾는 사람이라니 얼마나 의미 있는 일을 하고 있나. 인터뷰를 제안했을 때 본인은 한사코 활동가가 아니라며 거절했음에도 설득한 이유다. 〈작은책〉 2020년 8월호 '편집 뒷이야기'에 정인열이 쓴 글을 보라. 활동가의 자질이 차고 넘친다.

'투박한 글이라도 좋습니다.' 제가 '일터에서 온 소식' 원고를 청탁하면서 덧붙이는 말이에요. 노동자들 대부분은 글쓰기를 무척 어렵게 생각하거든요. 글 쓸 시간도 부족하지만, 중노동에 시달리기도 하고, 노조 활동하는 사람들은 회사의 부당함에 맞서 투쟁도 해야 하니까요. 하지만 생생한 일터 이야기는 현장에서 일하는 사람들한테서만 나옵니다. 이렇게 또 한 달 마감을 하네요. 독자님들, 투고 환영합니다.

4차 산업혁명을 제대로 알고 싶다면
유튜브 '따오기'를 구독해주세요

" 진보네트워크센터(아래 진보넷)에 들어올 때는 5년 정도 일할 생각으로 왔어요. 5년 정도 일하면 내가 원하는 포부를 이룰 수 있을 것 같았어요. 막상 일해보니 5년 가지고는 택도 없더라고요(웃음). "

진보넷은 1998년에 만들어졌다. 자본과 국가권력으로부터 독립적인 네트워크 기반을 구축하고 사회운동 진영이 상업적 서비스의 범위를 넘어 풍부한 네트워크를 활용할 수 있도록 지원하는 IT기술 공동체다. 당시에는 'PC 통신 참세상'이라는 서비스로 시작했다. 현재는 타임라인 제작, 크라우드 펀딩, 메일링 리스트, 웹호스팅 등의 서비스를 제공하고 있다.

나와 뎡야핑(활동명)은 2004년에 진보넷의 블로그 서비스를 이용하면서 인연을 맺었다. 당시에 뎡야핑은 블로그 이용자 중에서 가장 왕성하게 글을 쓰는 사람이었다. 더위가 한창인 8월의 저녁, 서대문구에 위치한 진보네트워크 사무실에서 뎡야핑을 만났다.

"2009년부터 활동했으니까 올해(2020년)가 활동한 지 11년째네요. 그동안 사회가 많이 달라졌다는 걸 느꼈어요. 2014년 세월호 사건이 터지고 관련 작업을 많이 했어요. 진보넷 기술팀은 개별적인 이슈를 지원하기보다는 사회운동 전체를 지원하는 데 중점을 두고 있어요. 몇 개 이슈가 비중이 커지면서 저의 관심사가 바뀌었어요. 미디어 환경이 변하니까 기존 방법으로는 부족하다는 걸 깨닫고 유튜브 쪽으로 관심을 돌렸어요. 새로운 세대, 10대부터 20대들이 유튜브를 보며 소비하는 시간이 엄청나게 많다는 걸 알고 깜짝 놀랐거든요. 그래서 사회운동 이슈를 영상으로 만들어 전달하자는 아이디어를 냈어요. 5년만 활동하겠다고 마음먹은 게 '무기한'으로 바뀌었어요(웃음)."

'뎡야핑'은 친구들과 탁구를 치다가 중국의 탁구 선수와 닮았다고 친구들이 지어준 이름이다. 실제로 뎡야핑은 중국의 탁구 선수 '덩 야핑'과 닮았다. 우리는 온라인에서 거의 매일 만났고, 온라인에서 다 풀지 못한 회포는 오프라인으로 이어졌다. 온라인에서 소통한 후라 오프라인 만남에서는 더 풍성한 대화가 오고갔다. 세월이 흐르고 페이스북이라는 지구적 소셜 미디어가 출몰하자, 많은 이들이 버스를 갈아탔다. 나와 명야핑 역시 예외가 아니다.

팔레스타인과 세월호

"11년 동안 활동하면서 가장 힘들었을 때는 2014년도였어요. 왜냐하면 제가 '팔레스타인 평화연대'라는 단체에서도 활동하고 있거든요. 그곳은 상근 활동가가 없어요. 비상근으로 활동해요. 2014년에 세월호 사건 때문에 자료 만드느라 힘들었는데 그해 7, 8월에 팔레스타인이 대규모 공습을 받아서 2500명이 넘는 사람이 학살당했어요.

팔레스타인인의 사망 숫자를 집계하는 것으로 끝나지 않았어요. 한 명 한 명의 이름을 쓰고 그 사람들의 삶이 어땠는지, 어떤 사람이었는지를 매일 팔레스타인에서 내보냈어요. 그걸 읽고 한국 사람들한테 전달해야 하는데 세월호 사건이랑 겹쳐서 많이 힘들었어요. 매일 밤 팔레스타인 사망자 현황 뉴스 보고 내보내고, 밤새 울고 잠 못 자고. 다음 날 출근해서 세월호 자료 정리하면서 또 울고. 하루하루를 그렇게 보내느라 정말 힘들었어요."

한꺼번에 안 좋은 일이 터져서 얼마나 정신이 없었을까. 더구나 덩야핑은 두 단체에 몸담고 일하는 처지였으니 슬픔도 두 배였을 게다. 상근이냐, 비상근이냐는 중요하지 않다. 내가 맡은 일을 얼마나 책임 있게 하느냐가 덩야핑에게는 더 중요했다. 오늘따라 덩야핑이 꽤 멋있어 보였다.

"활동한 지 십 년이 넘었으니까 많은 일이 있었죠. 저는 이 일이 재미있어요. 월요일에도 즐거운 마음으로 출근해요. 보람이나 성과에 대해 특별히 생각해 본 적 없어요. 그런데 지금 하고 있는 '따오기(따져보는 오늘의 기술 이야기)' 사업은 유튜브라서 조회 수가 보이니까 신경이 쓰여요.

진보넷은 내부 분위기가 좋아요. 저는 가족 같은 분위기를 싫어하는데 여기는 웬만큼 '거리감'이 있고, 서로를 대하는 태도가 저한테 잘 맞아요. 일과 사생활을 잘 분리해요. 서로 존중하고 배려하고. 그래서 오래 일하는 것 같아요(웃음). 저는 20대 중반까지만 해도 사회성이 많이 부족한 사람이었어요. 이제라도 사회성이 생겨서 다행이죠(웃음)."

죽을 때까지 활동가로 살려면 스트레스 관리가 중요해

덩야핑은 법대를 다녔다. 학생운동이 전멸하다시피한 시기에 학교를 다니느라 스스로의 정체성을 찾기가 쉽지 않았다. 학교를 그만두고 싶었지만 대안을 찾지 못해 꾸역꾸역 학교를 다녔다. 그럼에도 사회변화를 위한 활동을 해야겠다는 마음은 변하지 않았다. 실천에 옮기기 위해 졸업하기 전부터 여러 단체를 찾아다녔다. 그러던 중 '팔레스타인 평화연대'라는 곳을 만났다. 그곳은 본인의 활동을 스스로 기획해서 자율적으로 일할 수 있는 곳이었다. 그렇게 인연을 맺은 팔레스타인 평화연대 활동은 지금도 계속되고 있다. 뎡야핑은 진보넷 활동 중 안식월이 되면 무조건 팔레스타인에 간다.

> "팔레스타인 평화연대 활동은 2004년부터 했어요. 진보넷에는 2년마다 안식월이 있어요. 안식월에는 팔레스타인에 가요. 팔레스타인에서 벌어지고 있는 학살의 현장을 한국에 알리고 한국에 잘못 전달되는 팔레스타인 뉴스를 제대로 알리는 일을 해요. 정말 아름다운 곳이에요. 그런데 이스라엘이 점령하면서 팔레스타인인들의 삶이 총체적으로 파괴되고 있어요. 그것을 알리기 위해 글을 쓰고, 강연을 하고 있어요."

오래 알고 지냈다고 많이 아는 것은 아니다. 뎡야핑과 내가 그랬다. 온라인으로 소소한 일상은 공유했지만 어디에 관심을 가지고 있고, 어떤 과정으로 사회운동에 발을 딛게 됐는지, 앞으로 어떤 활동을 지속할 수 있는지, 전망에 대한 이야기를 구체적으로 나눠볼 기회가 없었다. 이야기를 들으면서 덩야핑의 새로운 모습을 발견했다. 개성이 뚜렷하고 책임감이 강하고 확고한 목적의식이 있는 활동가였다.

덩야핑은 대학을 졸업한 뒤 하고 싶은 일이 없어서 2~3년 동안 백수로 지냈다. 그때 우연히 진보네트워크센터 블로그를 알게 되었고 블로그에 글을 썼다. 어느 날 진보넷의 공채 공고를 보고 지원해 상근 활동가가 되었다.

누구나 살아가면서 스트레스를 받지만, 활동가는 특히 스트레스를 많이 받는다. 다행히 덩야핑은 스트레스 관리를 잘하고 있었다.

"저는 죽을 때까지 활동하는 게 목표예요. 나이 들어서도 활동하려면 멘탈 관리와 건강 관리를 잘해야 한다고 생각해요. 상황 자체가 스트레스일 때가 많아요. 내가 개입해도 바뀌는 게 거의 없을 때는 무력감을 느끼죠. 특별히 무력함을 많이 느낄 때는 팔레스타인 뉴스를 안 봐요. 뉴스를 안 보면 한국 사회에 팔레스타인 소식을 전해야 하는 책임을 방기하는 거죠. 하지만 그렇게 하고 마음을 진정시키면 다시 그 일을 할 수 있는 동력이 생겨요. 저는 스트레스 해소 방법이 좀 많아요. 아무도 없는 데서 소리 지르기, 노래 부르기, 피아노 치기, 만화책 보기가 저만의 스트레스 해소법이에요."

죽을 때까지 활동할 거라니 놀랍다. 생각해보면 활동은 언제 시작하고 언제 끝내고 할 일은 아니다. 사회는 쉽게 변하지 않으니까. 활동가가 있어야 조금이라도 변하니까. 명야핑도 그런 믿음으로 일하는 것이리라. 그렇다 해도 이렇게 결기 있고 의지가 굳은 말은 내뱉기 힘들다. 나도 모르게 긴장이 되었다.

4차 산업혁명 시대의 노동

"요즘 저는 앞에서 말한 '따오기' 유튜브 만드는 데 꽂혀 있어요. 3년 전 진보넷에서 개발한 타임라인 플랫폼(날짜 중심으로 구성된 프레젠테이션 툴)의 이름이 따오기였는데 거기서 이름을 가져왔어요. 그 따오기는 망했고, 그 이름으로 유튜브를 만들고 있어요.

지금은 4차 산업혁명 시대죠. IT가 전 영역에 들어왔기 때문에 다룰 수 있는 영역이 무궁무진해요. 사회는 빠르게 변하고 있는데 우리만 도태되면 안 되니까. 기술에 대해서 사람들이 편하게 이해할 수 있고 좀 더 적극적으로 대응할 수 있으면 좋겠다는 의도로 만든 거예요. 예를 들면, 4차 산업혁명 시대에는 인공지능이 인간의 일자리를 다 가져간다고 걱정하잖아요. 하지만 모든 문제는 현재 마주하고 있는 문제의 연장선이에요. 전혀 새로운 일이 아닌데 새로운 일인 양 호들갑을 떨죠. 영어 신조어를 그대로 가져와서 앞으로는 직업을 여러 개 가져야 먹고살 수 있다고 호들갑을 떨죠. 사실은 불안정노동이 일반화되는 것뿐인데. 그래서 기술이 어떤 건지, 어떻게 바뀌고 있는지 제대로 알자는 취지로 만든 거예요.

코로나 시대에는 원격으로 일하고 재택근무하면서 노동자들을 감시할 수 있는 기술이 더 적극적으로 도입되고 있어요. 이런 사실을 사람들한테 알리고 주체적으로 대응할 수 있는 방법을 연구해요. 교육도 준비하고 있고요. 사람들이 따오기를 많이 봐야 하는데 구독자가 아직 2천 명밖에 안 돼요. 저는 어떤 일을 할 때 성과나 실적 이런 것에 특별히 신경을 안 썼어요. 따오기 만들고부터 신경 쓰게 됐어요(웃음)."

빠르게 변하는 사회에 빠르게 대응하는 운동기술(?)을 습득하면 좋은 일이다. 이제는 텍스트 시대가 아니다. 책보다는 유튜브를 더 많이 보는 시대가 됐으니 유튜브에서 좋은 콘텐츠를 많이 보여주는 것도 정보통신 활동가의 역할이다. 덩야핑이 고생한 보람을 찾으면 좋으련만.

"활동은 재미있어야 지속할 수 있다고 생각해요. 얼마 전에 중견 활동가랑 대화하면서 '계속 활동할 수 있는 동력이 뭐냐'고 서로 물었어요. 그분은 '활동이랑 재미를 연결해서 생각한 적이 없다. 필요한 일이니까 한다'고 했어요. 너무 멋있고 충격적이었어요. 나랑 달라서(웃음).

어렸을 때 꿈은 변호사였어요. 변호사가 되면 사회정의를 구현할 수 있을 거라고 생각했나 봐요. 그래서 법대에 갔는데 법이 저하고 잘 맞지 않았어요. 학교를 그만두고 싶었지만 대안이 없어서 포기 못 했고 졸업을 했어요. 고등학교를 졸업할 때까지 다양한 직업 세계에 대해서 잘 몰랐고, 직업에 대한 탐구도 안 했어요. 생각해보니까 법은 너무 답답해요(웃음)."

명야핑은 전공이 자신과 맞지 않는다는 걸 알고 졸업하기 전부터 학교 밖으로 나가 활동할 곳을 찾았다. 그 시절을 생각하면 지금도 가슴이 답답하다. 이제 명야핑은 방황하며 보낸 시간이 아깝지 않을 만큼 자신에게 잘 맞는 일을 하고 있다. 요즘 명야핑의 관심은 오로지 '따오기'다.

"활동하면서 한 번도 보람이나 성과에 신경 쓰지 않았어요. 그런데 요즘은 따오기 유튜브 구독자 수가 100만 명이 된다면 엄청 보람을 느낄 것 같아요(웃음)."

인터뷰를 마치고 원고를 정리하고 있는데 컴퓨터 화면에 따오기 유튜브 알림이 떴다.

'구글어스로 가는 팔레스타인 여행!'

정년퇴직 후 늦깎이 활동가로
바쁘게 살고 있어요

가을의 끄트머리인 11월, 은퇴 후 활동가로 맹활약하고 있는 이철로 씨를 만났다. 이철로(아래 존칭 생략)는 항만 기술사다. 전문기술이 있기에 회사에 다니면서 6년간 겸임교수로도 일했다. 하지만 그는 늘 마음의 빚을 진 채로 살았다. 가정을 꾸리고 책임지느라 사회변화를 위한 활동을 이어가지 못했기 때문이다.

만 60세가 되자 은퇴를 했다. 몸은 자유가 됐지만, 마음은 가시방석이었다. 어디에 마음을 붙일까 고민하던 차에 노회찬 정의당 의원이 돌아가셨다. 이철로에게 노회찬의 죽음은 남다른 의미가 있었고, 변화의 계기로 다가왔다. 더 이상 정당 활동을 머뭇거릴 이유가 없었다.

고 노회찬 의원 덕분에

2018년 10월, 이철로는 정의당에 입당한다. 그리고 석 달 후, 용산시민연대 회원이 되었다. 회원이 되자마자 '한남공원 지키기 시민모임'이 발족됐다. 그 모임의 간사가 되었다. 한남공원을 지키는 것은 실로 중요한 문제였다. 2020년 7월 1일 시행된 도시공원 일몰제가 코앞에 닥쳤기 때문이었다.

한남공원 부지는 1940년 3월 12일 조선총독부 고시를 통해 '보통공원'으로 지정됐다. 그곳은 이미 80년 전부터 공원 부지였던 것이다. 공원 부지가 공원이 될 수 없었던 이유는 1951년부터 주한미군의 부대시설로 이용되었기 때문이다. 서울환경운동연합과 용산시민연대 등 사회단체와 시민들은 한남공원을 지키기 위해 발 벗고 나섰다. 결국 2020년 4월 23일 서울시보 제3580호를 통해 한남공원 부지 전체를 서울시의 주도로 공원화하겠다는 소식이 전해졌다. 이철로와 주민들은 환호성을 질렀다.

    "엄청나게 기뻤어요. 시민사회단체 활동을 하는 이유는 사회변화를 위한 것도 있지만, 활동하면서 연대감을 느낄 수 있기 때문이에요. 서로 믿고 공감하고 동질감이 생기고. 이 동질감이 오래가야 다른 문제가 생겼을 때 뭉칠 수 있거든요. 만약에 한남공원 찾기가 잘 안 되었어도 함께한 주민들과 연대감을 가졌다는 것만으로도 성공한 거라고 생각하려고 했어요. 그런데 우리가 이긴 거예요.

한남공원을 되찾은 일은 삼박자가 잘 맞았어요. 능력 있는 간사인 저(웃음)와 설혜영 구의원(정의당) 그리고 뜻을 모은 시민들이 잘 뭉쳤기 때문이에요. 그때 함께한 사람이 2천 명이에요. 밴드를 만들었어요. 밴드에 가입한 회원은 200명 정도 돼요. 생태환경 정보를 교환하고 한 달에 한 번 모여서 환경과 생태에 관한 공부를 하고 있어요. 지금은 코로나19 때문에 못 만나서 슬퍼요. "

한남공원이 다시 시민의 품으로 돌아왔다는 소식을 듣고 나도 기뻤다. 한남공원을 되찾는 과정에서 서울시와 용산구가 비용 문제로 옥신각신하기도 했다. 한남공원은 우리나라 최초의 '보통공원'이기 때문에 없어지면 안 된다는 서울시의 의지가 컸다.

이철로 활동가가 말했듯이 혼자였거나 하나의 시민단체로만 움직였다면 못 했을 일이다. 삼박자를 잘 맞췄기에 가능한 일이었다. 그러니 얼마나 기쁘고 뿌듯했을까. 인터뷰 도중 다시 한번 축하를 전했다.

" 서울에서 직장생활을 하다가 은퇴하기 3년 전부터는 부산에서 일했어요. 사무실 근처에 환경단체 간판이 보였어요. 찾아갈까 하다가 용기가 없어서 못 갔어요. 그때는 박근혜 전 대통령 퇴진 촛불집회를 매주 할 때였어요. 서울에 가고 싶어서 엉덩이가 들썩거렸죠. 가끔 집회 참여하러 서울에 가 긴 했지만.

은퇴를 했지만 여전히 돈 들어갈 일이 있어서 일을 해야 했어요. 용돈도 벌어야 하고(웃음). 운전에 자신이 있어서 택 시를 몰려고 택시기사 자격증을 땄어요. 그런데 한남공원 지 키기 간사로 활동하다 보니 택시 몰 시간이 없는 거예요. 할 일이 너무 많았거든요.

현수막도 주문해서 걸고, 유인물도 한남역 앞에서 혼자 나눠주고. 이리 뛰고 저리 뛰는 저를 주민들이 불쌍하게 봤 는지 한 분 두 분 도와주기 시작했어요. 공원 지키기 서명을 받고 나서 보니까 2천 명의 시민이 참여했더라고요. 감동이 었어요."

평생을 따라다닌 사회적 부채감

오랜 직장생활을 끝내고 은퇴를 하면 자유를 만끽하고 싶을 텐데 이철로는 어떤 이유로 다시 활동가의 삶을 선택했을까. 그 사연 이 무척 궁금했다.

"저는 유신시절에 대학교를 다녔어요. 학생운동을 안 할 수가 없었어요. 학교에서는 (제가 주동자라) 거의 전설이었어요(웃음). 그때는 유신시절이라서 모일 수가 없잖아요. 모이기만 해도 구속이니까. 중국집, 다방, 친구 집 등에서 몰래 모였어요. 그렇게 활동하다가 졸업을 못 했어요.

이후 공장에 취업했어요. 위장 취업이었죠(웃음). 1987년 6월 항쟁이 터지고 공장을 떠났어요. 굳이 내가 없어도 되겠다는 생각을 한 거죠. 한 학기가 모자라 졸업을 못 했는데 나중에 복교령이 떨어져 겨우 졸업했어요.

1학년 때, 교양과목 중 '현대사상의 비판'이라는 과목을 들었어요. 시험 문제가 공산주의의 가치관에 대해서 쓰라는 거였어요. 저는 공산주의 가치관을 긍정하는 답을 썼거든요. 교수 입장에서는 공산주의를 비판적으로 써야 하는데 내가 긍정적으로 쓰니까 사상이 불순한 놈이라면서 몽둥이로 때리고 강의실에서 쫓아냈어요. 그리고 신고한다고 했어요. 그 일 때문에 집안이 발칵 뒤집혀서 아버지가 교수에게 싹싹 빌었어요.

아버지는 교수에게 저를 군대에 보낸다고 하고, 교수는 저를 군대에 보내지 말라고 했어요. 군대에 가면 바로 '적색분자'가 되니까 자기에게 맡기라고. 자기가 교화시킨다고. 그 일이 있고 난 후, 교수에게 머리를 숙였어요. 더 나대면 식구들에게 피해가 갈까봐. 생각하면 정말 자존심 상하는 일이었죠. 몇십 년 지나고 같이 수업 들었던 친구들이 그때 저를 지켜주지 못해서 미안하다고 하더라고요(웃음)."

아버지가 공무원이어서 자유롭게 활동을 할 수 없었다. 본인 때문에 아버지 직업에 문제가 생기면 그 파장이 고스란히 가족들에게 미치니까. 그것만은 피하고 싶었다. 답답했지만 어쩔 수 없는 현실이었다. 친구들과 몰래 모여서 학습을 했다. 당시에는 국문으로 된 학습서가 많지 않아서 영문 책을 번역해가며 활동의 지침서로 삼기도 했다.

대학 새내기로 되돌아간 듯한 마음

이철로는 요즘 또 다른 일에 발을 담갔다. 용산구에 '노동권익센터'를 만드는 일이다. 2020년 5월 10일, 강북구의 한 아파트에서 경비노동자가 주민의 갑질을 견디지 못하고 숨진 일이 있었다. 그 일이 계기가 되어 시작한 일이다. 서울시 각 자치구에 의무적으로 만들어야 하는 노동자종합지원센터가 용산구에는 없다.

요즘 이철로 활동가는 발이 부르트도록 지역의 경비노동자와 비정규 노동자를 만나러 다닌다. 이번에도 간사 역할을 맡았다. 은퇴 후 활동이 다시 대학 새내기로 돌아간 것처럼 설레지만, 힘들기도 하다.

    "다른 구에는 다 있는데 용산구에만 없으면 안 되잖아요.
경비노동자에게 자주 생기는 갑질 문제, 초과노동, 휴게 시간 없음 등의 슬픈 현실이 달라지도록 지원해주는 조직이 필요해요. 경비노동자뿐만 아니라 비빌 언덕이 없는 비정규직 노동자들에게 무척 필요한 센터예요. 문제가 생기면 어디에 하소연해야 할지도 모르고, 도움을 요청하고 싶어도 방법을 모르니까요.

이 센터를 노동자 중심의 철학을 가진 사람들이 운영해야 하는데 구청은 직영으로 운영하려고 한다는 게 문제예요. 그러면 노동자를 위한 센터가 아니라 공무원들이 전시행정으로 운영할 우려가 있거든요. 그래서 지역 시민사회단체나 노동조합이 운영할 수 있도록 발판을 만드는 거예요. 노동조합이나 사회단체가 함께 이 센터를 운영할 여건을 만들어야 하는데 다들 바빠서 적극적으로 합류하지 못하고 있어요. 그래도 해봐야죠."

은퇴 후에 지역 활동을 이렇게 활발하게 하기란 쉽지 않다. 본인의 건강과 경제적 문제, 가치관, 시민사회를 보는 열린 자세가 일치해야만 가능하니까. 이철로 활동가는 이 조건을 모두 갖추었다면서 스스로를 높이 평가했다. 일종의 자화자찬이지만 충분히 수긍이 갔다. 그에게서 권위적인 모습을 찾기가 어려워서다.

"직장 생활할 때는 손님 접대하고 술 마시고 거래처 눈치 보고 살았어요. 사는 의미도 못 느끼고 소외감이 컸어요.

요즘은 하루하루가 너무 소중하고 할 일이 많아요. 말과 행동에 더 신경 쓰게 되고 조심하게 돼요. 만날 사람도 많고 공부해야 할 것도 많고, 시간이 금쪽같아요.

'유럽이나 선진국에서는 은퇴 후에 NGO 활동을 많이 한대요. 그러니까 선생님처럼 의식 있고 건강한 분이 활동해야 해요'라는 지역활동가의 꼬임에 넘어갔어요(웃음). 활동해 보니까 제가 배우는 것이 더 많아요. 저 같은 은퇴자의 사회활동 사례가 고령자의 노후 활동에 도움이 되었으면 좋겠어요.

동네에 코로나19 때문에 재능이 있어도 일을 못 하고 있는 제 나이 또래 분들이 있어요. 그분들 만나서 맛있는 음식도 사주고, 술도 사주면서 꼬시고 있어요. 사회활동 많이 하라고(웃음). 대부분 한남공원 지키기 활동할 때 함께했던 분들이에요. 적극적인 활동은 못해도 지지해 주는 것만으로도 고마운 일이죠."

젊은 시절의 문제의식을 나이 들어서까지 가지고 있고 그것을 실천하는 사람은 드물다. 그런 모습은 옆에 있는 활동가들에게 큰 울림을 준다. 자칫하면 꼰대가 되기 십상인데, 꼰대가 되느냐 아니냐는 끊임없는 자기 성찰에 달렸다. 이철로는 '권위 없음'이 몸에 뱄다. 궂은일을 도맡아 하고 젊은 활동가들과 잘 융합하고 있다. 같이 일하는 활동가는 '형님과 일하면 손발이 척척 맞는다'고 말했다.

은퇴 후에도 왕성하게 활동하는 이철로를 보면서 '나는 저 나이가 되면 어떤 모습으로 변해 있을까?' 하며 나이 든 내 모습을 상상해 보았다. 무슨 일이 터졌을 때 부담 없이 도움을 청할 수 있는 사람일까? 아픈 이야기를 마음껏 털어놓을 수 있는 사람일까? 그것도 아니면 직접 만든 음식을 퍼주는 손 큰(?) 사람이 되어 있을까?

이철로의 활동이 은퇴를 앞두고 있거나, 은퇴 후 인생 2막을 고민하는 이들에게 새로운 삶을 구상하는 데 작은 실마리를 제공해주지 않을까 기대해본다.

"은퇴하면 1년에 한 번씩 태국에 가는 게 꿈이었어요. 그런데 이제 용돈도 못 벌고, 벌여놓은 일은 많고, 노는(?) 형님들 술도 사주려면 그 꿈은 접어야죠. 지금 하는 일이 태국 여행하는 것보다 더 값지고 보람된 일이니까요.

참! 얼마 전에 용산구청장이 부동산 투기를 위해 건물을 샀다는 기사 보셨죠? 그거 때문에 기자회견 준비해야 해요. 말년에 일복이 터졌어요(웃음)."

청각장애인도
같이 웃을 수 있어야죠

본격적인 추위가 닥친 11월 말, AUD(Auditory Universal Design. 청각의 보편적 설계. 청각장애가 있든 없든 누구나 듣는 데 지장이 없는 환경) 사회적협동조합에서 일하는 이형렬 문자통역사를 만나기 위해 불광동 혁신파크를 찾았다. 어둠이 깔린 혁신파크는 을씨년스러웠다. 혁신파크는 지은 지 오래된 건물을 고쳐 사회혁신을 위한 공간으로 재탄생한 곳이다.

　출장을 나갔다가 돌아온 이형렬은 갑자기 닥친 추위가 당황스러웠는지 한껏 몸을 움츠렸다. 그의 이야기는 언 손을 녹일 만큼 따뜻했다.

기술로 자기 브랜드를 만들어가는 사람

"대학에 다닐 때는 취업보다 하고 싶은 것을 하는 데 비중을 두었어요. 저는 진리를 찾는 데 관심이 많았어요. '인생의 정답은 무엇인가' 하는 질문의 답을 찾는 데 몰두했죠. 지금 생각해보면 철이 없던 시절이었어요. 대학을 졸업할 때쯤 제 앞에 세 가지 길이 있었어요. 대학원을 가느냐, 공무원 시험을 준비하느냐 아니면 사기업에 취직을 하느냐.

결론을 내리지 못하고 있던 어느 날, TV에서 <생활의 달인>이라는 프로그램을 하는 거예요. 거기에 유리세공을 하는 장인이 나왔어요. 그 일을 하는 사람이 멋있어 보였어요. 자신의 기술을 인정받고 자기만의 브랜드를 만드는 모습을 보면서 나도 그런 직업을 가지면 좋겠다고 생각했어요. 그러다 속기사라는 직업을 알게 됐어요. 저는 책 읽는 것과 글 쓰는 걸 좋아하는데, 속기사는 활자를 다루는 직업이잖아요. 매력적으로 다가왔어요. 2014년에 속기사 자격증을 땄어요."

이형렬은 26살에 속기사가 됐다. 첫 직장은 청각장애인용 방송자막을 넣는 회사였다. 속기사의 정수는 실시간 속기라고 생각했는데, 회사에서는 그 일을 할 기회가 많지 않았다. 어느 날 지하철역에서 AUD 사회적협동조합의 쉐어타이핑(Share Typing) 서비스 공익광고를 봤다. '바로 저거다'라면서 무릎을 쳤다. 곧바로

AUD 조합원으로 가입했다. 가입하자마자 현장에 가서 문자통역을 해 달라는 요청을 받았다. 자원봉사인 줄 알고 문자통역을 했는데 계좌번호를 물었다.

"통장을 보니 생각보다 많은 돈이 들어왔어요. 여자친구랑 소고기를 사 먹었어요. 그리고 AUD에서 활동해야겠다고 마음먹었어요. 비영리라는 마인드도 좋았고, 속기사를 전문직으로 인정해 주는 곳이라는 느낌을 받았어요. 제 생각을 어떻게 알았는지 대표님이 같이 일해보자고 했어요. 2014년 4월부터 직원으로 일하게 됐어요."

문자통역의 힘

나는 경증의 청각장애가 있다. 하지만 수어를 배우지 않았다. 문자통역은 음성을 속기사가 듣고 타이핑해서 문자로 보여주는 방식이다. 2016년에 우연히 AUD라는 곳을 알게 되었다. 그곳은 청각장애인을 위해 문자통역을 하는 사회적협동조합이었다. 수어를 배우지 않아 소통이 힘든 내게 문자통역이라니, 썩은 동아줄이라고 해도 잡아야 할 것 같았다. 나는 곧바로 조합원이 되었다. 다행히 AUD는 튼튼한 동아줄이었다. AUD의 조합원이 된 후부터는 어떤 모임, 세미나, 강의, 토론회가 있어도 두렵지 않았다.

언제든지 요청하면 달려올 문자통역사가 있으니까 말이다.

"2017년이었어요. 광주에서 세계인권도시포럼이라는 행사가 있었어요. 세계적인 석학들이 참석했고, 고 이희호 여사도 오는 큰 행사였어요. 행사가 끝나고 반응이 굉장히 좋았어요. 청각장애인뿐만 아니라 비장애인들도 자막이 나오는 화면을 보니까 집중이 더 잘 되고 내용을 요약해 볼 수 있어서 좋았다는 거예요. 그때 정말 뿌듯했어요.

중·고등학교에서 수업을 지원할 때였어요. 고등학교 2학년인 청각장애 학생을 위해 문자통역을 해줬어요. 그 학생이 문자통역을 받고 신바람이 나서 공부를 열심히 했어요. 성적이 올라서 원하는 대학에 갔어요. 'AUD의 문자통역이 아니었으면 수업을 따라가지 못해 힘들었을 텐데 문자통역을 받아 집중적으로 공부할 수 있었다'고 하더군요.

청각장애 학생들이 비장애 학생들과 섞여서 수업을 들으면 그 아이들은 외로운 섬처럼 있어요. 비장애 학생들은 수업이 지루할 때 딴짓을 하지만, 청각장애 학생들은 듣지 못하니까 비자발적인 이유로 딴짓을 하는 거죠.

수업 중에 선생님이 농담하면 학생들은 다 웃잖아요. 청각장애인 학생은 1초 후에 웃어요. 선생님의 이야기를 다 듣고 나서 속기사가 타이핑하니까요. 선생님이 그걸 보고 가슴이 뭉클하셨대요. 저도 그 얘기를 듣고 울컥했어요. 그때 이후로 이 일이 정말 가치 있는 일이라는 생각이 들었어요."

나는 초등학교 5학년 때 갑자기 청력이 나빠졌다. 그때부터 실의에 빠져 지냈다고 해야 맞지만, 철이 없었던 건지 낙천적인 성격 탓인지 오랫동안 실의에 빠져 살지는 않았다. 오랜 시간 실의에 빠져 살지 않은 이유는 내 옆에 있는 친구들을 괴롭히며 살았기 때문이라고 고백한다.

나는 청력이 안 좋은 이유도 있지만, 유난히 호기심이 많은 아이였다. 입 모양을 봐도 교사가 하는 말을 제대로 듣지 못했을 때는 반드시 짝꿍에게 물었다. 짝꿍의 필기를 하나도 빠짐없이 베꼈다. 아이들이 웃으면 왜 웃는지를 꼭 물어보고 뒷북을 치며 따라 웃었다. 슬픈 이야기지만 그렇게 학창시절을 보냈다.

슬픔 뒤에는 기쁨도 많았다. 끝없는 내 질문에 대답해준 친구들 덕분이다. 귀찮고 힘들었을 친구들을 배려하지 않은 이기심에 얼굴이 화끈거리지만, 나로서는 꼴등만은 면하고자 하는 발악이었다. 이 자리를 빌려 학창시절에 많은 도움을 주었던 친구들에게 고마움을 전한다.

갑자기 안 좋아진 청력은 시종일관 변함이 없으니 지금도 내 옆에 있는 사람들을 괴롭히며 살고 있다. 하지만 2016년에 만난 AUD의 문자통역은 내게 신세계를 선물했다. 활동가 인터뷰 프로젝트도 무리 없이 하고 있고, 코로나19 때문에 생긴 마스크 공포(마스크 때문에 상대방의 입 모양을 보지 못해 소통이 힘들기 때문)에서도 벗어날 수 있었다.

❝2016년에 청각장애인 교사 한 분이 연수받을 때 제가 문자통역을 했어요. 연수가 다 끝나고 만족스러운 표정으로 고마웠다고 말씀하시면서 내년에 또 와달라고 하셨어요. 그래서 3년 동안 연속으로 간 적이 있었어요.

비장애인이라면 자연스럽게 들을 수 있는 말을 청각장애인들은 못 듣는 경우가 많잖아요. 저는 청각장애인이 눈으로 보면서 들을 수 있어야 한다고 생각해요. 그래서 발화자가 농담하거나 욕을 할 때도 다 적었어요. 청각장애인도 똑같이 웃어야 하니까요. 현장의 분위기, 감성도 전달을 하는 거죠. 그때 청각장애인이 웃거나 고개를 끄덕일 때 그거야말로 진정한 피드백이거든요. 끝나고 나서 고맙다고 말해주면 정말 기분이 좋아요.

AUD에 들어와서 문자통역을 하기 전까지는 청각장애인을 만나본 적이 없었어요. 여기 와서 청각장애인을 처음 만났는데 의외로 거리감이 없었어요. 뭔가 잘 통하는 느낌이 들었어요. 의사소통이 어렵지만 글자로 적고, 입 모양을 보고 소통하는 모습을 보면서 저의 부족한 면을 많이 발견했어요. 우리는 누구나 잠재적인 장애인이잖아요.❞

AUD가 있다는 것을 알고 처음으로 문자통역사를 불렀을 때 온 사람이 이형렬이다. 사회복지를 전공한 친구들과 세미나를 하는 자리였다. 대여섯 명이 모인 자리라 여기저기서 하는 말을 정확하게 듣기가 곤란했다. 그때 문자통역을 받았고, 사람들이 말하는 것을 정확하게 들을 수 있었다. 문자통역이 없을 때는 모임에 가면 마음이 움츠러들고 때로는 겁을 먹기도 한다. 그날은 달랐다. 나도 이야기의 흐름에 맞는 의견을 당당하게 말했다. 짜릿했던 기억이 난다.

그날 뒤풀이에서 이형렬과 나는 이런저런 이야기를 나눴다. 궁금증이 많은 내가 쏟아내는 질문세례에 이형렬은 당황하지 않고 차분하게 답변해 주었다. 그랬던 그가 사랑하는 사람을 만났고, 2021년에는 결혼을 할 계획이란다.

"사회에 기여하는 일을 계속하고 싶어요"

"결혼을 앞두고 있어서인지 안정적인 직업을 생각하게 돼요. 갓 자격증 땄을 때 속기 공무원이 되려고 2~3개월 준비한 적이 있었어요. 막상 공무원이 되면 무척 지루할 것 같아요. 만날 회의록 만들고 녹취록 풀어야 하고(웃음). 그래서 공무원은 안 하기로 했어요.

앞으로는 인공지능이 발달해 속기사라는 직업이 없어질

지도 몰라요. 그래도 저는 계속 활동가로 살고 싶어요. 지금도 활동가인 것은 맞지만, 더 적극적으로 움직이는 활동가요. 비영리 쪽은 사회적 가치를 추구하기 위한 사업을 하잖아요. 성소수자나 이주노동자들을 위한 활동을 하는 분들을 보면 무척 가치 있고 재미있어 보여요. 청각장애인을 위한 문자통역이 아니더라도 사회에 기여할 수 있는 일을 계속하고 싶어요.

아직 많이 살지는 않았지만, AUD에 와서 청각장애인들이 의사소통할 수 있는 권리를 누리는 데 일조한 것이 무척 뿌듯해요. 이 추세로 가면 문자통역의 존재를 더 많이 알릴 수 있고, 문자통역을 하는 '사람'이 있다는 것도 알리게 되는 거니까요. AUD와 내가 그런 사회적 가치를 실현하는 배에 올라탄 거잖아요."

AUD 대표는 AUD의 사업 중에서 자랑할 만한 사업 중 하나로 청각장애인 조합원의 결혼식에 문자통역을 지원해주는 일을 꼽았다. 이 사업은 청각장애인 본인이 결혼하거나 형제, 자매 또는 자녀가 결혼할 때 가족과 하객을 위해 무상으로 지원하는 문자통역 서비스이다. 이형렬의 결혼식에도 이 서비스가 지원될 것이다. 결혼식의 모든 과정에서 어떤 말을 하는지 잘 들을 수 있을 테니까 겁먹지 말고 축하해주러 가야겠다.

청각장애인 당사자보다 더 당사자의 입장을 잘 이해하고 있는 이형렬을 보면서 '신은 공평하다'는 말에 동의하고 싶어졌다. 나처럼 수어를 배우지 않은 청각장애인에게도 이렇게 솟아날 구멍을 만들어 주었으니 말이다.

이형렬은 내가 하고 싶은 말을 대신했다.

"장애인을 시혜나 동정의 대상으로 생각할 것이 아니라, 장애를 느끼지 못할 환경을 먼저 만들어 놓고 장애인이 주체적으로 펼쳐갈 삶을 기대하는 게 맞는 것 같아요. '우리가 도와줄게'가 아니라 '당신이 활동할 수 있는 판을 만들어 놓았으니까 해봐'라고요. 판을 만들어야 한다는 책임감을 강하게 느끼는 사회, 그런 사회를 빨리 만들었으면 좋겠어요.**"**

노동조합과 지역사회를
이어주는 역할 하고 싶어요

두어 달 전에 지인의 집에서 '아이들과 희망을 나눠요'라고 적힌 연두색 하트 모양 저금통을 보았다. 저금통의 출처를 물으니 '네 팔에 있는 아동을 돕기 위해 희망씨라는 단체에서 모금하는 것'이라고 했다. 마침 주머니에 현금이 있길래 '술 한번 덜 먹자' 하는 생각으로 돈을 구겨 넣었다. '희망씨'는 어떤 일을 하는 곳일까, 궁금했다.

사단법인 희망씨에서 사무국장으로 있는 김은선 씨를 서울시 성북구 종암동에서 만났다. 처음 보는 사람임에도 낯설지 않고 친근감이 드는 모습이었다. 김은선 씨는 사랑을 듬뿍 받고 자란 사람처럼 해맑은 미소로 나를 맞았다.

"전라도 무안군에서 태어났어요. 네 살 때 서울로 올라갔다가 초등학교 5학년 때 다시 시골로 내려갔어요. 아버지가 염전에서 일을 하시며 가족을 부양했어요. 서울에 있을 때, 이사를 많이 다녔어요. 집안 형편은 나아지지 않았고, 이사를 많이 다녀서 친구가 별로 없었어요. 공부만 하는 아이였어요. 공부를 잘해야 가난에서 벗어날 수 있다고 생각한 것 같아요. 고등학교는 목포로 유학을 가서 혼자 자취하며 보냈고요. 서울로 대학을 가려고 공부만 했어요."

김은선의 꿈은 교사였다. 좋아하는 수학 선생님을 만나서 수학, 과학을 잘했다. 고등학교 때 입시 상담을 했던 선생님은 광주교대를 권했지만 서울로 가고 싶은 그의 욕망을 꺾을 수 없었다. 결국 A대학교 공대에 합격해 그토록 원했던 서울 입성을 이뤘다.

수학이 재미있었지만, 공대 졸업 후의 진로는 그와 맞지 않았다. 대학 다닐 때 야학교사로 활동하면서 사회복지사가 되고 싶었다. 그러려면 대학원에 진학해 공부를 해야 했다. 학비와 생활비를 벌기 위해 일자리를 찾던 중, 취업 박람회에서 학습지 교사 일자리를 만났다. 김은선은 그때부터 자신의 인생이 꼬였다며 웃었다.

"시골에서 자라서 학습지가 뭔지 몰랐어요. 등록금과 생활비를 벌어야 하는데 학습지 교사는 낮에 일하고 밤에 공부할 수 있다고 해서 들어갔어요. 알고 보니 속은 거예요. 일찍 끝나지도 않았고, 일이 많았어요. 1999년에 학습지 노조가 생겼어요. 처음엔 노조에 가입하기를 꺼렸어요. 노동조합에 대해서 아무것도 몰랐거든요.

노동조합 가입 권유를 세 번째 받고서야 조합원이 됐어요. 그때 노조가 파업을 할 때였어요. 가입과 동시에 파업을 하고, 파업 마무리 후 노조 전임자가 됐어요. 2년 동안 전임자로 일하고 다시 현장으로 복귀했다가 2005년에 그만두었어요. 돌이켜보면 그때 가장 열심히 살았던 것 같아요."

노조도 지역과 함께
통 큰 부문 운동 조직해야

대학원 학비를 벌기 위해 취업한 곳에서 얼떨결에 노동조합 활동을 시작한 김은선은 그곳에서 세상을 보는 눈이 달라졌다. 같은 일을 하면서도 정규직, 비정규직으로 나뉜다는 것을 알았고, 부당한 대우를 받으면 맞서 싸워야 한다는 것도 알았다.

28살에 노조 부위원장이라는 중책을 맡았다. 첫 번째 임금단체협상을 잘 치렀지만 다음 해 투쟁에서 미흡함이 나타났다. 그때 마무리를 제대로 짓지 못해서 엄청난 액수의 가압류를 받았다. 조직력이 많이 약해진 지역으로 가서 다시 학습지 교사로 일했다.

"지금 남편하고 학교 다닐 때부터 연애를 했어요. 노조 활동 할 때, 남자친구(현 남편)가 휴가를 나오면 제가 삭발을 하고 있거나, 노숙 농성을 하고 있었어요. 제대로 연애를 못 했죠(웃음). 그래도 제 인생에서 가장 역동기였고, 배운 게 많은 시기였어요."

김은선은 학습지 회사 노동조합 활동을 정리한 뒤 전국민주노동조합총연맹(민주노총) 서울본부로 옮겨 조직국장으로 일했다. 노조 활동을 하느라 사회복지 공부를 제대로 하지 못한 게 한으로 남아 사이버 대학에 입학해 다시 공부를 시작했다. 사회복지사 자격증을 딴 뒤, 민주노총 서울본부 활동을 그만두었다. 그리고 지역아동센터 서울시 지원단 지역사회복지사로 1년 동안 일했다.

"민주노총 서울본부에 있으면서 다양한 투쟁을 해보니 노동조합이 너무 자기 안에만 갇혀 있는 것 같았어요. 노동조합은 기본적으로 자기 조합원들의 경제 투쟁을 할 수밖에 없지만 거기서 멈추면 안 된다는 생각이 들었어요. 지역사회 복지사로 일하면서 본 사회복지 현장은 너무 헌신적이고 시혜적인 모습이었어요. 노동하고 동떨어져 있는 느낌이 들었어요.

그래서 노동과 사회복지가 만나야 된다는 생각을 많이 했어요. 사회복지 현장에 있는 사람들도 노동자라는 걸 인식하고 노동자의 눈으로 세상을 보는 마인드가 필요하고, 노동조합도 자신의 이익을 넘어서서 지역과 함께 통 큰 부문 운동을 조직해야 한다는 걸 깨달았어요. 그래서 2013년에 민주노총 산하 희망연대노조의 조합원들과 지역주민이 함께 '사단법인 희망씨'라는 단체를 만들었어요. **"**

노동조합과 사회를 연결하는 활동가 되고 싶어

김은선은 희망씨의 초기 멤버다. 현재는 사무국장으로 일하고 있다. 희망씨는 노동과 지역사회가 함께 만들어가는 아동청소년지원 나눔연대 법인이다. 노동자가 주체가 되어 나눔연대 · 생활문화연대를 위한 지속 가능한 활동을 하며 지역사회와 함께 일터와 삶터를 바꾸기 위해 노력하고 있다.

코로나19 발생 전에는 가족캠프, 아버지 학교, 네팔 아동 자매결연 사업을 위한 네팔 여행 프로그램이 있었다. 작년과 올해는 코로나19 때문에 이러한 프로그램을 진행하지 못하고 위기 가정 지원사업을 주로 하고 있다. 코로나19로 공공기관, 복지관이 다 문을 닫자 갑자기 형편이 안 좋아진 사람들이 어디에 가서 상담하고 지원을 받아야 하는지 모를 때 희망씨의 문을 두드린다고 한다.

　"미등록 자녀를 둔 한국인 아버지가 지역의 주거복지센터를 통해 희망씨에 오셨어요. 상황이 너무 안 좋았어요. 그분의 건강 상태와 수입만 봐도 기초생활수급을 받을 수 있는 처지인데 자녀들이 미등록자이다 보니 지자체의 지원을 받을 수 있는 조건이 안 되어, 아무것도 할 수 없는 거예요.

　국적을 취득하는 게 가장 시급한 문제인데 그게 안 되어 있어서 난감한 처지였죠. 그때 저희 희망씨가 수단과 방법을 가리지 않고 초스피드로 국적을 취득해 줬어요. 국적을 취득하고 나니 그다음 문제는 일사천리로.(웃음) 코로나19 때문에 상반기에 쓸 가정지원 사업비가 다 소진될 정도로 이와 같은 사례가 많았어요.

　다음으로는 산재 가정 지원사업을 하고 있어요. 산재를 당하면 산재 당사자에게만 집중하잖아요. 그 와중에 가족이 소외되고 있어요. 가족이 겪는 엄청난 상실감과 경제적 어려움을 도와야 하는데 이게 빠져 있어요. 올해는 산재 가정을 돕는 지원 시스템을 연구하는 사업도 하고 있어요."

코로나19 때문에 어려움을 겪는 취약계층을 돕는 일, 이 일은 정부가 더 적극적으로 해야 할 일 아닌가. 정부 기관은 문을 닫고, 대면 접촉을 꺼리니 민간 기관에서 나설 수밖에 없다고 해도 정부의 안이한 태도는 마음에 들지 않는다. K방역 운운하며 세계적으로 인정받았다고 우쭐하면 뭐하나. 보이지 않는 곳에서 신음하는 사람들은 차고 넘치는데.

'매월 시민들의 쌈짓돈에서 나오는 후원금으로 운영하는 민간단체가 정부보다 더 적극적으로 일하는 게 맞나?' 하는 의구심과 불만의 눈빛으로 김은선을 쳐다보자, 그는 단호한 표정으로 "정부나 지자체에 바라는 게 없어요"라고 말했다. 오랫동안 정부기관의 행태를 지켜보고 내린 결론이리라. 정부와 지자체에 바라는 게 없다니, 씁쓸했다.

김은선은 코로나19 발생 전에 진행했던 '아버지학교'라는 프로그램에서 받은 감동적인 일화를 전해주었다.

"B지역에 사는 어느 남성이 아버지학교 프로그램을 신청했는데 그분의 자녀가 시각장애인이었어요. 장애인이 참여하는 프로그램을 진행해보지 않아서 고민이 되었어요. 장애인 활동을 하는 분과 의논을 해서 비장애인 아이들도 다 같이 눈을 가리고 아빠 손을 찾는 프로그램을 진행했어요. 열 가족이 참여했는데 아이들이 모두 자신의 아빠 손을 찾았어요. 아빠들은 너무 놀라셨고, 감동받았다고 했어요.

저녁에 캠프파이어 할 때는 아이들이 아빠와 이런 시간을 보낸 적이 없었는데 아빠와 이야기하는 것만으로도 너무 행복한 시간이었다고 말하더라고요. 나중에 아빠들만 따로

김은선 ___ 125

모아 이야기를 했어요. 아빠들은 그동안 남편, 아빠, 아들로만 살았지 나를 돌아보는 시간이 없었는데 이 기회에 내면을 들여다보는 시간을 갖게 돼서 정말 좋았다고 하셨어요.

이처럼 희망씨가 노동조합과 지역, 노동조합과 청소년을 이어주는 다리 역할을 했으면 좋겠어요. 사회에서 기득권을 차지하는 남성, 정규직, 임금 인상을 중요시하는 현재의 노동조합 말고, 지역의 청소년과 여성, 장애인, 성 소수자를 만났으면 좋겠어요. 희망씨가 그 가교역할을 하고 싶어요. 그러려면 희망씨가 더 많이 고민해야 하고 우리(희망씨)를 강조해서는 안 될 것 같아요. 우리가 조금 손해를 보더라도 다른 지역과 다른 단체와 연계할 수 있는 계기를 만들어주는 일, 그런 일을 하고 싶어요.

지역사회에서 안타까운 점은, 자신의 단체도 어려우니까 자기 단체만 생각하고 밖으로 못 나오는 거예요. 이 단체들이 가지고 있는 어려움을 엮어서 노동조합과 만날 수 있도록 우리가 노력해 보려고 해요.

저는 노동조합하고 이 사회를 연결하는 활동가가 되고 싶어요. 그러려면 여기서 그치지 않고 더불어 사는 사회로 가는 모습으로 변해야 하잖아요. 이 상태로는 안 되잖아요. 의식을 바꿔야 하고, 제도를 바꿔야 하고. 그래서 요즘에는 어떻게 하면 운동의 방향성과 지향을 좀 더 분명히 하고 목적의식을 갖는 활동가가 될 수 있을까 하는 고민을 하고 있어요.”

한 명 한 명이 이 조직에서
성장하고 있다고 느끼기를

김은선은 자신의 단체를 드러내지 않으면서 할 수 있는 일이 무엇일까를 고민하면서, 선견지명이라 할 만한 야심 찬 일을 준비하고 있었다.

"노동자와 지역의 청소년들이 좀 더 긴밀하게 만나는 공간을 만들려고 준비하고 있어요. 공간을 마련하면 동시에 사업을 확장해야 되잖아요. 조직에서 중심을 잡는 사람이 있으면 방향이 흐트러지지 않기도 하지만 그 사람에게만 집중하면 나머지 사람들은 주변에서 겉돌 수 있어요. 희망씨, 하면 김은선이 떠오르는 게 아니라, 한 명 한 명이 이 조직에서 성장하고 있다는 느낌을 받았으면 좋겠어요. 실제로 활동가들로부터 성장한다는 말을 듣기도 해요(웃음). '사람보다 일이 앞서면 안 된다'는 생각을 했는데 맞아떨어졌어요.

그런데 지금은 공간을 마련하기 위해 홍보를 해야 해서 희망씨를 드러내고 싶어요. '희망씨가 뭐 하는 곳이지?'라는 질문을 자주 받아요. 희망씨는 '노동조합이 아동·청소년을 지원하는 기관'이라고 사람들의 머릿속에 각인시키고 싶은데 그게 잘 안 돼요. 그래서 노동자들이 후원금을 내든, 자원봉사를 하든, 연대 사업을 하든 지역과 나눔에 대해서 생각할 수 있는 기관이라는 걸 확실하게 알리고 싶어서 공간 마련 사업을 하고 있어요. 지금까지는 딜라이브노동조합이 사무실 한쪽을 무상으로 임대해 주어서 거기서 활동했어요.

공간을 마련하면 저희가 지원하고 있는 청소년들이 미술 전시회도 하고, 청소년 작업장도 만들고, 작업장에서 기술을 배우면서 진로를 꿈꾸기도 하고요. 그러면서 노동에 대한 인식도 넓히고. 심리상담사를 초빙해서 상담할 수 있는 공간도 만들 거고요. 그동안 하지 못했던 많은 것을 희망씨라는 공간에서 할 수 있으면 좋겠어요(웃음)."

김은선은 희망씨의 독립공간 탄생을 꿈꾸며 세상 행복한 얼굴로 말했다. 그동안 말로 다 하지 못한 고생을 한방에 털어 버린 듯한 표정이었다. 이어서 최근에 발견한 스트레스 해소법에 대해서도 들려주었다.

"요즘 사람들이 저를 보고 '편안해 보인다'고 해요. 요새 타로를 하거든요. 개인적으로 40대가 정서적으로 가장 많이 성장한 시기예요. 희망씨 프로그램 중에 노동자 심리 상담, 명상, 타로가 있거든요. 프로그램을 운영하면서 저도 참여하니까 자연스럽게 배우게 됐어요. 특히, 타로를 배우면서 일과 나를 동일시하지 않으려고 노력하고, 조급하게 생각하지 않으려고 하고, 욕심을 버리게 됐어요. 그러다 보니까 심호흡을 하게 되고, 객관적으로 생각하는 습관을 들이게 됐고요. 어느 순간 전전긍긍하는 모습이 사라지고 있어요.

저희가 하는 타로 강좌는 점을 치는 법을 가르치지 않아요. 타로 카드를 통해서 이 사람과 어떻게 소통해야 할지, 어떤 질문을 해야 할지를 알고 이야기를 시작해요. 어떤 이야기가 이 사람에게 힘을 줄 수 있는지에 초점을 맞추는 거죠. 그러면서 관계도 안정되고, 오늘 나에게 필요한 힘은 이런 거구나를 알고 하루를 시작하니까 마음이 가볍고 편안해요. 희망씨에서 하는 타로 강좌는 인기가 많아서 금방 마감된답니다(웃음)."

유쾌하게 인터뷰를 마무리하는 김은선을 보며 오늘 나의 타로카드는 무엇이었을지 궁금해졌다. 보나마나 명랑하고 행복한 김은선을 만날 점괘가 아니었을까?

합격률 100퍼센트,
우리 학교의 비밀을 공개합니다

새해가 밝았다. 역병은 꺾이지 않았다. 2020년도가 어떻게 지나갔는지 여전히 암흑 속에 갇힌 기분이다. 나뿐만 아니라 모두가 그렇게 지난해를 보냈으리라. 기후위기를 걱정하던 사람들은 언젠가 지구에 역병이 창궐하리라고 예상했다. 하지만 이토록 오래 갈지는 아무도 알지 못했다. 그럼에도 살아남아 하던 일을 하는 것밖에는 다른 방법이 없다.

본격적인 한파가 닥친 1월, 서울시 성북구 종암동에 있는 학교 밖 아이들을 위한 '인디학교'를 찾았다. 송민기 교장선생님을 만나기 위해서다.

"전공이 사학과라 졸업하면 역사학 교수가 되고 싶었어요. 열심히 공부해서 교수가 되려고 했는데 대학에 가보니까 전부 학생운동만 하는 거예요. 저도 학생운동을 할 수밖에 없었어요. 학교를 겨우 졸업한 후에는 노동운동을 하려고 공장에 위장 취업을 했어요. 어느 날 발각돼서 쫓겨났고 복직투쟁을 했어요. 지방노동위원회에서 기각된 후에 노동상담소에서 상담활동을 했어요. 그 이후에는 번듯한 직장에 취업하기가 힘들었어요. 블랙리스트에 올라가 있었거든요.

취업하기가 힘들어서 친구들과 광고기획사를 차렸어요. 지방선거, 총선에 사용되는 선거 홍보물을 만들었어요. 1990년도부터 1995년도까지 했어요. 이후 1996년도부터 1999년까지는 중소기업에 취직해 직장생활을 했어요. IMF가 터지고 희망퇴직을 한 후, 조그만 재활용 사업체를 꾸렸어요. 처음엔 잘됐는데 시작한 지 4년 차에 사기를 당했어요. 엄청난 빚이 생겼어요. 신용불량자가 됐고, 2003년도부터 2년간 실직자로 살 수밖에 없었어요. 그즈음 갑자기 몸에 이상이 생겼어요. 담도암이었죠. 1년 동안 투병생활을 했어요. 지금은 완치했고요.

학생운동 할 때 민간인 사찰을 받던 때가 있었어요. 당시 메모하는 습관이 있었어요. 대학노트에다 꼼꼼히 메모를 많이 했어요. 한 10권쯤 됐어요. 그런데 민간인 사찰 때문에 위험해서 다 태워 버렸어요. 경찰에게 뺏기면 선배나 친구들이 위험해질 수 있으니까요. 가끔 그때 버린 노트가 아까워요.

시간이 지나면 다 추억이고 역사인데."

학교 밖 아이들을 만나다

학생운동을 피할 수 없는 시기에 대학에 다녔다. 어떻게든 좋은 세상을 만들어 보려고 안간힘을 썼다. 하지만 돌아온 것은 변하지 않는 세상, 생계의 압박, 쌓여가는 스트레스였다. 암이 발병했다. 1년간의 투병생활 끝에 건강을 되찾고 다시 세상 밖으로 나왔다. 여기서 멈추기에는 할 일이 많았다. 부양해야 하는 노모가 계셨고, 초등학교에 다니는 아이가 둘이나 있었다. 더 이상 생계를 아내에게 떠맡길 수는 없었다. 그의 나이 마흔네 살이었다.

"성북구에는 저소득층이 많았어요. 개발되기 전에는 더 많았어요. 2006년에 우연히 저소득층의 생활을 지원하는 '성북 나눔의 집'에서 사람을 구한다는 공고를 보았어요. 처음에는 어르신들 의료지원 사업을 맡았어요. 홀로 사시는 어르신들을 병원에 모셔다드리고, 외로운 분들을 위해 야유회도 가고 그랬어요. 대부분의 어르신이 근본적인 치료는 못 받고 쳇바퀴 돌듯이 병원만 다녔어요. 드시는 약도 너무 많았고요.

그래서 제가 성북 나눔의 집에 주치의 제도를 만들자고

제안했어요. 자매결연 맺은 가정의학과에 가서 종합검사를 받고 약 처방 받고 그랬죠. 시간이 지나니까 어르신들이 속얘기를 꺼냈어요. '혼자 사니까 외롭다. 그래도 누구랑 같이 사는 건 못 한다. 고독사할까 봐 걱정이다' 이런 얘기를 하셨어요. 어르신들 얘기를 듣고 인간에게 '고독'은 무서운 것이고, '자유'는 정말 중요한 거라는 사실을 새삼 실감하게 됐어요.

어르신 만나는 일을 1년 정도 하고 난 뒤부터는 '학교 밖 청소년'들을 만났어요. 주로 취약계층의 한부모 가정 아이들이었어요. 부모 상담을 많이 했어요. 생계가 어려우니까 아이들에게 신경을 많이 못 써요. 아이들이 말을 안 들으면 설득하거나 타이르는 게 아니라 폭력을 써요. 시퍼렇게 멍들어서 다니는 아이들이 많았어요.

가정폭력은 주로 아빠로부터 일어나죠. 아이들이 폭력을 피해서 갈 곳이 없어요. 아빠하고 가급적 부딪히지 않거나, TV를 보거나, PC방에 가는 게 다예요. 학교에서 억울한 일 당하고 담임 선생님께 혼나도 집에 가서 이르지 않아요. 어쩌다 엄마가 알게 되면 엄마도 화가 나죠. 그러면 학교에 찾아가서 얘기를 들어봐야 하는데 학교에 못 가요. 아이와 엄마 모두 위축이 되어 있어요. 그래서 저하고 같이 학교에 찾아가서 담임을 만났어요. 담임을 만나고 오면 엄마가 달라져요. 자신감이 생기는 거죠. 아이를 대하는 태도가 바뀌고요."

부모조차 믿어주지 않는 아이들

취약계층 가정의 아이들을 만나면서 우리나라 교육에 어떤 문제가 있는지 알게 된 송민기는 때마침 교육청에서 교육복지 사업을 하고 있다는 것을 알고 방문 학습 멘토링 사업을 제안한다. 사업이 승인되자, 지역의 취약계층 가정의 아이들 200명을 대상으로 학부모와 대학생을 포함한 50명의 멘토를 뽑았다. 50명의 멘토는 가가호호 방문해 아이들의 학습을 돕고 상담도 했다.

약 2년 반 동안 진행한 사업으로 멘토링 받은 아이들은 학습능력뿐만 아니라 사회성도 놀라울 정도로 좋아졌다. 이 사업에 힘을 받아 2013년에는 본격적으로 학교 밖 아이들을 만나야겠다는 결심을 한다. 약 1년간의 준비 끝에 '인디학교'가 탄생했다.

"지역에 계신 몇몇 분들이랑 같이 준비를 했어요. 2014년 1월에 인디학교를 개교했어요. 처음에는 학교 공간을 만들 돈이 없어서 고생을 좀 했어요. 개교하고 바로 공부를 하고 싶은 친구들이 있어서 수업을 했는데, 공간이 낡고 후져서 싫어하더라고요.

개교한 지 두 달쯤 지나고 생명의전화 복지관 건물로 이사를 갔어요. 28년 된 건물이었어요. 거기서 6개월 정도 있었는데 지역 네트워크를 통해 제안이 들어왔어요. 성북 사회적경제센터 건물을 쓸 수 있게 됐어요. 그곳은 옛 동사무소 건물을 리모델링한 건물이어서 깨끗하고 좋았어요.

아이들이 친구들을 데리고 오고 해서 학생들을 많이 모집했어요. 하지만 공유 공간이라 수업할 공간이 넉넉지 않았어요. 당장 나갈 곳이 없어서 계약 기간인 3년을 버티며 독립 공간 마련을 위한 후원행사를 했어요. 기적 같은 일이 벌어졌어요. 예상보다 훨씬 많은 금액이 모였어요. 그래서 지금의 공간으로 이사 왔어요.

학교 밖 청소년들은 부모들도 인정을 안 해줘요. 학교에 안 다니면 용돈 한 푼 안 줘요. 왜 안 주냐 하면 학교도 안 다니는데 친구들 만나서 유흥비로 쓰고, 담배 피우고 술 마시고 하니까요. 학생들 입장에서는 학교를 안 다닌다고 아무것도 안 하고 살 수는 없잖아요. 친구도 만나고 간식도 먹어야 하고 생활을 해야 하는데 한 푼도 안 주니까 치사해서 아르바이트해서 돈을 벌어요.

그러면 엄마는 또 그래요. '돈 벌어서 집에 생활비는 안 보태고 유흥비로 다 쓴다'고. 아이는 아이대로 '내가 번 돈 유흥비로 쓰든 어디에 쓰든 내 자유고 빚만 안 지면 되지 않냐'고 해요. 기본적으로 학교 밖 청소년들은 신뢰를 받지 못하는 거죠.

그러다 어느 날 갑자기 대안학교 가겠다고 하면 더 못 미더운 거죠. 어쨌든 대안학교라도 가겠다고 하니 보내긴 해요. 어느 날 검정고시를 보고 딱 합격하면 부모의 태도가 달라져요. 심지어 '우리 애가 합격한 거 맞아요? 컨닝한 거 아니에 요?' 하고 물어요.(웃음)."

인디학교 검정고시 합격률 100퍼센트의 비결

인디학교의 검정고시 합격률은 100퍼센트다. 그 이유는 학생 수준에 맞게 가르치기 때문이다.

"학생들이 검정고시를 두려워하는 이유는 학생들 수준에 맞게 가르치지 않아서예요. 실제로 중학교 2학년에 다니고, 고등학교 1학년에 다니는 아이들이지만, 공부에 손 놓은 건 초등학교 4, 5학년 때예요. 학교에 다녔지만, 공부를 안 한 거죠. 일반적인 교과과정을 따라갈 수 없어요.

그래서 저희는 일대일 수업을 원칙으로 하고 어느 수준에서 공부가 멈췄는지를 찾아요. 바닥을 쳐보면 그때부터 공부가 되거든요. 영어, 수학 빼고는 제가 다 가르쳤어요. 한 달이면 공부 방법을 터득해요. 중학교 검정고시는 100시간 공부하고 고등학교 검정고시는 500시간을 공부해요. 고졸 검정고시는 5개월 과정이라 꾸준히 하면 다 합격해요."

아이들 수준에 맞는 공부 방법을 연구하고, 아이들이 공부에서 멀어지지 않도록 열과 성을 다해 가르치는 선생님과 학교. 그런 학교가 많으면 학교 밖 청소년이 안 생기지 않을까. 틀에 박힌 내용을 일방적으로 주입하는 학교는 누구라도 다니기 싫을 것이다. 그럼에도 꾸역꾸역 학교에 다니는 아이들, 그런 학교에 아이를 밀어넣을 수밖에 없는 학부모. 우리 사회의 학교는 왜 이렇게 변화가 더딜까. 가슴이 답답해졌다.

"학부모는 아이가 검정고시에 합격하면 희망의 끈을 보는 거죠. 엄마가 찾아와서 그동안 마음고생한 것을 다 털어놔요. '우리 애가 좋은 대학 가는 것을 바라지 않는다. 무슨 자격증이라도 땄으면 좋겠다. 어려서부터 손재주가 좋았다. 미용사가 됐으면 좋겠다. 제과제빵사가 되면 좋겠다'라고 해요. 그때부터 본격적으로 상담을 해요.

취약계층 아이들은 부모가 관심을 덜 가지니까 아무 생각 없이 학교에 가요. 중산층 가정의 아이들은 학교에서 왕따나 은따(은근한 따돌림)를 당하면 배 아프다면서 학교에 안 가요. 수용적인 엄마는 그 말을 그대로 믿고 오늘 쉬라고 해요. 그게 반복되면서 학교에 영영 안 가게 돼요. 이런 아이들은 인디학교에 오면 대부분 좋아져요."

학교에 가기 싫은 아이들은 더 많아지고

가정환경이 좋으면 좋은 대로 안 좋으면 안 좋은 대로 학교에 가기를 싫어하는 아이들이 많다. 학교는 재미없는 곳이니까. 그 아이들을 품어주는 대안학교가 있어서 참 다행이다.

대안학교는 일반 학교보다 등록금도 비싸고 지방에 위치한 경우가 많다. 인디학교는 서울에 있다. 저렴한 등록금을 내고(월 10만 원이지만 거의 감면 혜택을 받음), 자유로운 분위기 속에서 선생님과 호흡한다. 교사들은 학교 밖 아이들의 감성을 이해하고 공동체에 적응할 수 있도록 돕는다.

그 일의 가장 첫 번째는 아이들의 마음을 열게 하는 '공감'에 있다. 함부로 판단하지 않고 아이들의 선택을 존중하는 마음과 열린 귀, 적극적인 상호작용, 겸손한 태도가 뒷받침되어야 가능한 일이다. 쉬워 보이지만 쉽지 않은 길을 걷는 송민기 선생님, 그의 정년이 코앞에 다가왔다.

> **"**2년 후면 환갑이에요. 그때는 은퇴해야죠. 벌어놓은 돈은 없고 직장생활을 꾸준히 한 게 아니라서 연금생활은 꿈도 못 꿔요. 운전을 잘하니까 어린이집 차나 학원 차를 운전하는 일을 생각하고 있어요. 봉사활동도 할 거예요. 놀고 싶어도 시간이 없어서 못 놀았으니까 좀 놀기도 해야죠. (웃음) 취미생활은 따로 없어요. 걷는 거 좋아하니까 등산도 하고, 걸

어서 전국 일주를 하는 게 꿈이에요.**"**

결코 평탄치 않은 길을 선택한 송민기 선생님, 그의 마음속에는 늘 '약자를 위해 할 수 있는 일이 무엇일까' 하는 고민이 가득 차 있다. 특히 코로나19로 상처받은 아이들의 마음 치유가 가장 시급한 일이라고 했다.

"코로나19 때문에 학교에 가기 싫다고 하는 아이들이 더 많아졌어요. 학교에 가면 (방역 때문에) 칸막이가 쳐 있으니 친구들과 스킨십도 못 하고, 뛰지 말라고 하고, 밥 먹을 때 말하지 말라고 하고, 교대로 학교 가잖아요. 이러니 학교에 가기 싫은 거예요. 그리고 줌으로 수업하면 사생활이 다 노출되잖아요. 어떤 아이는 거실이 보이는데 어떤 아이는 창고 같은 게 보이고.

코로나19 초기에 몇 학년이 가장 힘들까 생각해 봤어요. 중학교 3학년이 가장 힘든 것 같아요. 왜냐하면 중3 때 진학 상담을 하잖아요. 그게 잘 안 되면 고등학교를 제대로 못 갈 수 있어요. 그러면 본인 인생이 꼬였다고 생각할 수 있어요. 내 인생을 사회가 망쳤다는 원망을 할 수 있잖아요. 일반 학교든 대안학교든 선생님들이 이 부분에 대해서 깊이 생각해 봤으면 좋겠어요.

아이들이 커서 코로나19 시절을 생각했을 때, 학교가 나에게 해준 게 없다고 기억하지 않고, 코로나19 때문에 엄청나게 힘들었지만 내가 다니던 학교의 선생님, 심지어 급식실 선생님도 우리를 위해서 많은 노력을 해주었다고 기억할 수 있었으면 좋겠어요. 모두가 힘들었지만, 특히 아이들의 기억 속에 안 좋게 남으면 죄책감이 클 것 같아요."

저는 천사가 아니에요.
제가 차별받지 않으려고
싸우는 거예요

" 나눔과나눔에서 일한 지 5개월 됐어요. 출근 첫날 빼고 매일 장례식장(정확히 말하면 화장터)에 갔어요. 기억에 남는 장례를 하나 콕 짚기는 어려워요. 모든 장례가 다 인상적이고 기억에 남거든요. "

'나눔과나눔'은 '사회적 고립으로 외롭게 살다가 쓸쓸하게 삶을 마무리하는 사람이 없는 세상을 만들기' 위해 2011년에 설립된 비영리단체다.

연고자 없는 사람은 없다. 사람은 태어나면서부터 연고가 생긴다. 하지만 삶은 녹록지 않다. 무연고자가 되기 십상인 조건이 차고 넘친다. 벼랑 끝에 몰리는 건 순식간이다. 가족을 만날 용기마저 잃고 무연고자가 된다. 마지막 길을 가족이 아닌 사람이 배웅한다.

일면식도 없는 사람의 마지막을 동행하는 것은 쉬운 일이 아니다. 이승에서의 동행도 힘든데 마지막을 동행하다니, 즐거운 일도 아닐 터이다. 그 길을 걷는 청년 활동가가 있다. 각자도생의 사회에서 쉽지 않은 선택을 한 이유는 무엇일까 궁금했다.

모든 장례 다 기억에 남아

7월 3일, 서울 마포에 있는 나눔과나눔 사무실에서 김민석을 만났다.

"저는 실용음악을 전공했어요. 특별히 음악을 좋아한 건 아니에요. 고등학교 때 자율학습을 빼려면 학원에 다녀야 했어요. 그래서 논술학원에 다녔어요. 글쓰기를 배웠는데 두 달 만에 싫증이 났어요. 다음 달 등록을 해야 하는데 안 하고 나왔어요. 나오다 보니 바로 옆에 실용음악 학원이 눈에 띄었어요. 그래서 음악을 하게 됐어요.

워크넷에서 나눔과나눔의 채용공고를 봤어요. 홈페이지에 올라온 글이 너무 좋았어요. 읽다 보니 이곳에서 일하고 싶다는 생각이 간절했어요. 장례식은 일반적인 사회서비스처럼 당연한 거라고 여겼어요. 장례에서도 소외된 사람들이 있다는 걸 처음 알았어요. 사랑하는 사람의 죽음을 충분히 애도할 수 있는 시간과 공간을 접할 수 없는 사람들을 위한 장례 지원을 하는 이곳에서 꼭 일하고 싶었어요.

장례식장에 지인이 오면 오는 대로, 안 오면 안 오는 대로 느낌이 달라요. 관의 무게가 가벼우면 가벼운 대로, 무거우면 무거운 대로 기억에 남아요. 분골된 유골이 한 줌일 때도 있고, 양이 많을 때도 있어요. 그럴 때 혼자 생각하죠. '왜 이렇게 일찍 돌아가셨을까. 이렇게 체구가 작은 분인데 사회적 돌봄은 잘 받으셨을까' 하는 궁금증도 있고요. 저는 이런 죽음의 책임은 국가에 있다고 생각해요. 국가는 개인의 안전과 생명을 지킬 의무가 있잖아요. 그런데 이분들의 삶과 생명을 지키지 못했어요. 사회안전망은 사람이 딱 죽지 않을 만큼만 작동하면 되는 건가요? 외롭게 돌아가시는 분들이 이렇게 많은데도요?

오늘 변희수 하사를 강제 전역시킨 것에 대한 취소 소송 결과가 나왔어요. 기각됐대요. 이 역시 국가가 개인의 삶을 짓밟은 거예요."

삶의 마무리도 존엄해야 한다

김민석은 1993년생이다. 비영리단체에서 일한 경험도 없다. 스스로 선택한 일자리가 무연고 사망자의 장례를 치르는 곳이라니 믿기 어려웠다. 그래서 더 궁금했다. 그는 왜 이곳을 첫 번째 일터로 선택했을까. 나눔과나눔의 상임이사는 김민석을 뽑은 이유를 이렇게 말했다.

"나눔과나눔에서 일하고 싶어 하는 간절한 눈빛을 잊을 수가 없었어요."

그제야 납득이 갔다. 김민석의 간절한 눈빛, 세상에 하고 싶은 말이 너무나 많은 그 눈빛을 나도 읽을 수 있었다.

"교복이 입기 싫어서 교복을 입지 않아도 되는 공고에 입학했어요. 졸업 후에는 셔츠를 입을 일이 없었죠. 그런데 나눔과나눔 면접 때 입으려고 처음으로 셔츠를 샀어요. 면접을 잘 못 봐서 떨어질 줄 알았어요. 기회를 한 번 더 달라고 메일을 보내려고 했어요. 이틀 후, 합격했다는 전화를 받았죠. 출근은 2월 17일부터 했어요. 둘째 날부터 벽제 화장장에 매일 갔어요. 낯설지 않았어요. (세월호 사건 이후로) 장례식장에 가본 경험이 많으니까요.

제가 스물두 살 때 세월호 참사가 일어났어요. 당시에 수업을 듣고 있었는데 배가 침몰했대요. 얼마 지나지 않아 전원이 구출됐다고 해서 마음을 놓았어요. 그런데 오보였어요. 충격이었어요. 저는 안산에 살거든요. 단원고 학생 중에 아는 사람도 꽤 있었어요.

대학에서 실용음악을 전공했으니까 곡을 만들었어요. 세월호 추모곡을 만들어서 부르고 다녔어요. 당시에는 세월호를 노래하는 기성 가수들이 적었어요. 저를 아는 분들이 연락을 주셔서 세월호 행사에 참여했고 제가 만든 노래를 불렀어요. 현재까지 12곡 정도 만들었어요. 세월호 관련된 활동은 활동이라기보다 당연히 제가 할 일이라고 생각했어요. **"**

나는 세월호 이야기가 나오면 견디기 힘든 감정에 휩싸인다. 내 인생에서 가장 큰 트라우마를 꼽으라고 하면 아마도 세월호 사건일 것이다. 희생자 중에 아는 사람이 없어도 그렇다. 희생자 가족의 슬픔과는 비교가 안 되겠지만, 나는 아직도 세월호가 침몰한 게 믿어지지 않는다. 더는 김민석에게 세월호와 관련된 질문을 할 수 없었다. 그의 얼굴에도 힘든 기색이 뚜렷했으니까.

"복지서비스를 받는 것은 당연한 일이지 시혜적인 게 아니잖아요. 마찬가지로 무연고 사망자의 장례 지원은 당연한 일이에요. 어떤 분은 나눔과나눔이 장례 지원하는 것을 보고 '천사들'이라고 말씀하세요. 개인의 삶이 존엄했다면, 그 마무리도 존엄해야 해요. 존엄한 마무리를 돕는 것뿐인데 천사라고 하시니 쑥스러워요.

　활동가가 되어야겠다고 마음먹은 적은 없어요. 일반적으로 활동가라고 하면 공익적인 일을 하고 희생하는 사람이라고 여기는데, 저는 제가 살기 위해서 하는 일이에요. 저는 성소수자예요. 제가 차별받지 않으려면 성소수자 운동을 해야 해요. 장애인 친구들이 있어요. 그 친구들과 같이 밥 먹으러 가야 하는데 이동의 제약을 받아요. 식당에 들어가려는데 턱이 있어서 못 들어가고, 관공서에 가야 하는데 계단이 있어서 못 올라가요. 그러면 장애인운동을 해서 차별받지 않도록 해야 하잖아요. 노동운동도 마찬가지죠. 저는 그 어떤 활동도 다 자기 밥그릇을 지키기 위해서 하는 일이라고 생각해요. **"**

내가 차별받지 않기 위해 활동하는 것일 뿐

의외의 말에 놀랐다. 보통 활동가라고 하면 남들이 안 하는 일을 하고 돈을 많이 벌지 못해도 보람 있는 일을 한다고 생각한다. 하지만 김민석에게 활동이란 당연히 해야 하는 일이며 높이 평가받아야 할 이유가 없는 일이다.

　도대체 김민석의 가치관은 어떻게 만들어진 것일까. 질문을 할수록 돌아오는 답이 예상을 벗어나니 정신을 차릴 수가 없다. 허리를 꼿꼿이 하고 귀를 쫑긋 세우고 들었다.

"제 꿈은 제 이름으로 된 집을 사는 거예요. 사회가 너무 불안해요. 제가 환갑이 되었을 때, 연금을 받거나 수급비를 받으며 살고 있을 텐데 월세까지 내면 평생 가난하게 살아야 하잖아요. 주거비용이 고정 지출로 잡히지 않아야 빈곤문제를 해결할 수 있어요. 그래서 저는 집에 비중을 크게 두는 편이에요. 사람이 사는 데 의식주는 필수예요. 우리는 의식주가 보장되지 않는 사회에 살고 있어요. 그렇기 때문에 쪽방에 사는 분, 수급비로만 사는 분, 무연고로 돌아가신 분, 장례를 치르지 못하는 분들이 있죠. 무연고로 돌아가신 분들은 주거 문제와 단절된 관계가 가장 큰 문제인데 개인적으로 풀기에는 무리가 있어요.

퀴어문제는 퀴어를 혐오하지 않으면 돼요. 하지만 간단한 문제가 아니죠. 퀴어를 좋아하고 싫어하고는 개인의 자유지만, 그것으로 다른 사람의 인권을 침해하면 그건 '폭력'이죠. 혐오문제는 아마도 쉽게 해결되지 않을 것 같아요. 만약에 해결된다고 해도 또 다른 문제가 생기지 않을까요? 그래서 우리 사회가 가진 문제의 총량은 변하지 않을 수 있어요.

저는 지금 사귀고 있는 사람과 결혼하고 싶어요. 결혼제도는 반대하지만, 법적으로 결혼해서 제도권 안으로 들어가지 않으면 내가 내일 죽어도 내 짝꿍은 저의 장례를 치를 수 없어요. 유산을 상속받을 수도 없어요. 오래 제 옆에서 저를 사랑해 준 사람인데도 법적인 관계가 아니면 안 되는 게 많아요. 그런 걸림돌에 걸리고 싶지 않아서 어쩔 수 없이 결혼하려는 거예요.

나눔과나눔에서 말하는 것도 그거예요. '왜 사실혼 관계의 배우자가 장례를 치를 수 없는가? 왜 가족보다 더 끈끈한 정을 나눈 지인은 장례를 치르면 안 되는가?' 하는 거요. 저는 가족주의를 싫어해요. 심지어 어머니가 저를 위해 밥을 차려주시고, 옷을 사 주시는 것도 안 좋아해요. 어머니는 제가 하지 말라고 해도 하지만요.**"**

가족주의가 변화를 가로막는다

장례법에 대해 알고 나니 잔인한 법이라는 생각이 들었다. 아무리 국가의 존립을 위해 만든 법이지만, 그 법이 누군가에게 상처를 주고 폭력이 된다면 없애는 게 맞다. 혈연중심으로 움직이는 사회는 변화의 가능성을 막는다. 김민석은 부모가 자식을 낳았다고 당연하게 뭔가를 해야 할 의무는 없다고 말한다. 부모가 내게 쓴 돈은 모두 부채라고 생각한단다. 이십 대 후반 대한민국 청년의 말은 나의 고정관념을 흔들 정도로 새롭고 신선했다.

"아이를 낳으면 사회가 모든 것을 책임져야 해요. 저는 부모와 자식 간의 인연 같은 것은 큰 의미가 없다고 봐요. 저는 부모님을 사랑해요. 사랑하는 이유는 제 부모님이어서가 아니라, 그분들을 한 인격체로서 사랑하는 거예요. 제겐 동생이 한 명 있어요. 동생한테는 애정이 없어요. 애틋한 감정도 없고요. 물론 안 좋은 일이 생기면 신경이 쓰이겠죠. 하지만 그건 모르는 사람이어도 마찬가지잖아요.

제 생각에 가장 이상적인 사회는 아이들이 부모가 없어도 잘 성장할 수 있는 시스템이 마련된 사회예요. 아이를 키운다는 것은 정말 힘들고 고통스러운 일이에요. 물론 행복하고 즐거운 일도 있지만, 육아는 누군가의 절대적인 노동과 희생이 필요한 일이잖아요. 부모는 좋은 선생님이라고 생각해요. 좋은 선생님이 되려면 제대로 된 훈련과 교육을 받아야 해요. 저는 정말 운이 좋았어요. 좋은 부모님을 만났어요. 그렇지 않았다면 지금과는 전혀 다른 삶을 살았을 거예요."

좋은 부모를 만났기 때문에 자존감이 높고 하고 싶은 일을 마음껏 할 수 있었다는 김민석. '활동을 언제까지 하고 싶냐'는 물음에 역시 예상치 못한 답이 돌아왔다. 모든 일이 그렇듯 한곳에 오래 머물면 관성화되고, 익숙해지면 문제를 직시하지 못할 가능성이 크다. 김민석은 누가 가르쳐주지 않았어도 모범답안을 말했다.

"나눔과나눔에서 오래 활동하고 싶어요. 하지만 활동을 관성적으로 하면 안 될 것 같아요. 오래 일하면 안주하게 되고, 안주하면 문제가 닥쳤을 때 예민하게 반응하지 못하니까요. 저는 게을러요. 조직에서 필요로 하고 요구하는 것을 3년 정도 하면 제가 할 수 있는 것은 다 한 거 아닐까요? 그 이후에 제가 무슨 일을 하고 있을지는 아무도 모르죠."

인터뷰 내내 이제 막 활동을 시작한 사람이 아니라 족히 30년은 활동한 원로를 만난 느낌이었다. 김민석이 말한 사회가 오려면 얼마나 많은 활동가가 희생해야 할까라는 생각이 번뜩 스쳤다. 너무 일찍 사회의 모순을 알아버린 김민석을 보는 내내 마음이 좋지 않았다. 그렇지만 언젠가 변화된 세상이 올 것이다. 그러한 기대가 헛된 희망이 아니길 바라본다.

싸우는 사람들에게는
빛나는 통찰력이 있어요

"투쟁하는 현장에 있을 때 가장 힘을 많이 받아요."

활동가들이 이구동성으로 하는 말이다. 전쟁 같은 현장에서 싸우고 있는데 도망가고 싶은 게 아니라, 내가 있어야 할 곳은 '지금, 여기'라고 느끼다니, 신기하다. 그들은 왜 한결같이 투쟁 현장에 있을 때 살아있음을 느끼고, 힘을 받는다고 할까.

유난히 추웠던 겨울도 슬슬 가고 있다. 개구리가 겨울잠에서 깬다는 경칩이 코앞에 다가온 지난 2월 말, 성적권리와 재생산 정의를 위한 센터 셰어(center for Sexual rigHts And Reproductive justicE)의 대표 나영을 은평구 혁신파크에서 만났다.

낙태죄가 한창 사회적 이슈로 제기됐던 지난 2010년, 여성의 결정권과 태아의 생명권 존중으로 논쟁이 흘렀다. 논쟁 중에 장애인 여성에 대해서는 '생명권 vs 선택권' 프레임으로 논의할 수 없는 내용이 있었다. 모자보건법에 따르면 유전학적 장애나 질환이 있는 경우 낙태가 허용되기 때문이다. 셰어는 기존의 낙태죄 논쟁에서 벗어나 '성적권리와 재생산 정의'에 대한 담론까지 함께 논의했고, 문제의식을 이어나가기 위해 만들어진 단체다.

나영은 여성운동뿐 아니라 성소수자 운동, 장애인운동, 이주민/난민 운동 등 어떤 투쟁의 현장이든 적극적으로 함께하는 사람이다.

소수자는 다른 위치에 있기 때문에
통찰력이 남다르다

"2020년 12월 31일 낙태죄 폐지 헌법 불합치 결정이 나온 날, 헌법재판소 앞에서 감격을 나누면서 춤을 췄어요. 이 날은 좋은 결과 때문에 춤추고 웃었지만 꼭 축하하는 자리가 아니어도 사람들이 모여서 무언가 요구하고 소리치는 현장에 있을 때 힘을 많이 받아요.

사람들은 싸우는 사람들을 불쌍하고 힘든 사람들이라고 생각해요. 그렇지만 차별받는 사람, 가난한 사람, 쫓겨난 사람, 사회적 소수자들은 사회에서 다른 위치에 있기 때문에 남다른 통찰력을 가지고 있어요. 그런 이야기를 들을 수 있는 곳이 투쟁현장이에요.

　최근에 김진숙 지도위원과 함께 걷는 희망뚜벅이를 진행할 때도 아시아나케이오 노동자, LG트윈타워 빌딩 청소 노동자, 김진숙 님이 같이 이야기하는 자리가 있었거든요. 세 분이 말씀하시는 거 들으면서 힘을 많이 받았어요. 작년에는 코로나19 때문에 9명 이내에서만 집회를 할 수 있거나 하지 못하는 경우가 많았어요. 그래서 에너지를 못 받아서 힘들었어요(웃음)."

　때론 지치고 힘들어도 뜻을 함께하는 동지들이 있고, 싸움의 결과가 좋게 나왔을 때 활동가는 가장 보람을 느낀다. 지난날이 아무리 고통스럽고 힘들어도 그 순간만큼은 마음껏 환희를 누린다. 그래야만 충전이 되니까. 그리고 다시 뚜벅뚜벅 걸어간다.

　나영을 처음 만난 건, 2014년 지구지역행동네트워크(Network for Glocal Activism, NGA)*의 후원주점에서였다.

　지인의 초대로 NGA의 후원행사에 갔다가 그곳의 사무국장을 맡고 있는 나영과 인연을 맺었다. 많은 사람이 들고 나는 자리라 무척 정신없고 피곤했을 텐데 뒤풀이까지 여유 있고 침착하게 마

---

* 지구지역행동네트워크: 성, 노동, 생태, 인종의 다양한 문제들이 복합적으로 일어나고 있는 지구 지역적인 문제를 네트워크를 통한 운동으로 대응하고 함께 대안을 만들어가는 단체다. 중국, 멕시코, 남아공, 한국의 글로컬 포인트(GP)들이 페미니즘 학교, 액티비즘 센터를 만들어 활동한다.

무리하는 나영의 모습이 인상 깊었다.

나영은 학창시절부터 모임을 만들고 친구들과 어울리는 것을 좋아했다. 전교조 세대라서 각종 학생회 활동을 많이 했다.

공적인 메시지에 너무 압도되지 않기로

"이런저런 일을 많이 벌리는 성격이었어요. 질문하기를 좋아하고, 호기심도 많았고, 잘 놀고요. 고등학교 때는 야간 자율학습 빼먹고 콘서트도 많이 다녔어요. 주로 락 콘서트 이런 거(웃음).

기자가 되는 게 꿈이었어요. 대학에서 학생운동을 하면서 활동가로 살기로 했죠. 원래 음악을 하고 싶었어요. 밴드를 하고 싶었는데 음악적 재능이 없어서 포기했어요. 잘 못 치지만 기타 치는 걸 좋아해요. 대학에 갔더니 재단 문제로 투쟁이 계속되고 있었어요. 제가 1학년 때 비리로 쫓겨났던 재단 이사장이 4학년 때 다시 돌아올 준비를 하는 거예요. 구재단과 싸우기 위해 졸업을 1년 미루고 총학생회장을 했어요. 1년 동안 수업을 거부하고, 총장실과 행정동을 점거하고, 삭발하고, 혈서 쓰고, 단식하고, 거리집회를 하는 등 온갖 싸움을 한 끝에 구 재단 이사장의 복귀를 막았어요. 그 이후에 건강에 크게 타격을 입었어요. 공황장애가 왔거든요. 건강을

회복하기까지 꽤 오랜 시간이 걸렸어요. **"**

    온갖 방법을 동원해 학교와 싸운 나영은 아직도 후유증을 가지고 있다. 당시에 의사는 나영에게 '이렇게 살다가 언제 어디서 객사해도 이상한 일이 아니'라고 했을 정도다. 몸의 회복을 위해 심리치료를 받고 뜸을 뜨고 요가를 시작했다.

    학교를 겨우 졸업한 후, 2003년부터 2010년까지 '문화연대'*라는 단체에서 활동했다. 문화연대는 문화예술인들이나 문화예술 관련 연구자들이 많이 모인 단체다. 그곳에서 문화교육위원회 활동을 하고 2010년 8월부터 2019년 2월까지 NGA에서 활동했다.

    "활동한 것을 후회한 적은 없어요. 관계가 힘들거나 소진이 왔을 때는 여행을 가거나 공부를 해요. 세미나에 가서 사람들을 만나 이야기하다 보면 막막하고 지쳤을 때도 새로운 방향을 찾게 돼요. 최근에 한 가지 결심을 했어요. 너무 공적인 메시지에 압도되지 않기로요. 약간의 거리 두기를 하려고 해요. 의무감 때문에 조직의 상황에 맞추는 생활은 안 하기로 했어요. 올해 세운 계획 중 하나가 '사적인 자아에 좀 더

---

* 문화연대: 1988년에 창립된 문화운동 단체. 검열과 배제가 없고 표현의 자유가 보장되는 사회를 위해 싸운다. 문화 공공성의 관점에서 문화정책과 문화행정을 감시하고 대안을 제시하는 활동을 한다.

충실하자'예요.

꾸준히 한 것은 아니지만 요가를 한 지 17년 정도 됐어요. 요가가 좋은 것은 몸을 움직이는 것도 있지만 깊고 길게 호흡하게 되거든요. 활동하면서 생긴 긴장감과 불안함을 다스리기 위해 수시로 요가의 호흡법을 떠올리며 연습하고 있어요."

차별과 혐오, 폭력을
겪지 않도록 함께 나서주기를

나영은 고등학교 3학년 때 자신이 이성이 아닌 동성을 좋아한다는 것을 알았다. 고민은 대학교 1학년 때까지 계속됐고 4학년이 되어서야 비로소 본인의 성 정체성을 인정할 수 있었다.

"2016년도에 엄마에게 커밍아웃을 했어요. 엄마도 의심을 하고 있었지만 차마 저에게 확인하지 못했어요. 저도 말을 못 하다가 카톡으로 긴 편지를 써서 보냈어요. 편지를 받고 6개월 정도 아무런 연락도 없으시다가 그해 겨울에 제가 일하는 곳으로 찾아왔어요. 패딩을 두 개 사 가지고 오셨더라고요.

그날 처음으로 엄마에게 모든 걸 얘기했어요. 엄마는 여전히 결혼하라는 말씀을 하시지만 그 전보다 훨씬 관계가 좋아졌어요. 15년째 같이 살고 있는 제 파트너를 좋아하시기도 하고요.

재작년에 파트너가 발에 약간 큰 종양이 있어서 수술을 할 때였어요. 수술 동의서를 받아야 했는데 보호자 사인을 할 때 병원에서 안 받아주면 어떡하나 걱정을 했어요. 제가 열심히 설명했더니 병원에서 무리 없이 진행할 수 있게 해주었어요. 같은 병실에 있던 분들은 환자와 저의 관계를 무척 궁금해하는 눈치였지만(웃음).

앞으로는 이런 현실적인 문제에 더 많이 부딪히겠죠. 그때를 대비해서 돌봄 관계를 제도적으로 어떻게 만들어갈지 고민하고 있어요.**"**

성소수자 당사자의 경험을 털어놓던 나영은 얼굴이 굳어졌다. 최근 연이어 발생한 트렌스젠더의 죽음을 언급하지 않을 수 없어서다.

"어떻게 죽었는지도 모르고 추모조차 할 수 없는 성소수자의 죽음이 많아요. 부모님한테 커밍아웃도 못하고 장례를 제대로 치르지 못하는 경우도 있고요.

대통령도 그랬고, 서울시장 후보로 나온 사람도 동성애를 반대한다는 말을 했죠. 많은 사람들이 성소수자 인권을 개별적인 취향으로 인정할 거냐 말 거냐로 판단해요. 하지만 이것은 다른 이들과 마찬가지로 '삶'의 문제거든요. 성소수자라는

이유로 가정과 학교에서 쫓겨나거나 심각한 폭력을 겪기도
해요. 특히 트랜스젠더는 제도적인 차별 때문에 일자리를 구
하기가 어려워요. 경제적인 어려움을 많이 겪고 있어요.

'나는 차별주의자는 아니지만 당신이 광장에 나오는 건
보기 싫다'고 말하는 건 모순이에요. 주변 사람들이 차별과
혐오, 폭력을 겪지 않도록 함께 나서주셔야 해요."

돈이 없어서 하고 싶은 활동을
못할 때가 제일 답답

나영의 인터뷰를 정리하던 3월 3일, 트랜스젠더 군인 변희수 하
사가 자택에서 숨졌다는 보도를 접했다. 눈앞이 캄캄했다. 불과
일주일 간격으로 두 명의 트랜스젠더가 스스로 목숨을 끊었다.
한국사회에서 성소수자로 사는 일이 얼마나 힘든 일인가를 다시
한번 확인하는 당황스런 비보였다. 한국사회는 여전히 개인의
성 정체성을 옳고 그름이라는 잣대로 판단하고 있다. 변화의 더
딤을 곳곳에서 확인할 때마다 숨이 막힌다. 그날 밤은 잠이 오지
않았다.

"어렸을 때부터 경제적으로 충분했던 적이 없었어요. 그
래서 없이 사는 데 익숙해져 있어요(웃음). 일찍부터 동생들

이랑 할아버지를 돌보면서 살았어요. 활동을 계속했기 때문에 활동비 수준에 맞춰서 살아요. 뭔가를 갖고 싶은 욕구가 별로 없어요. 예전에 활동비가 너무 적을 때는 학원 강사, 편의점 아르바이트, 녹취록 정리 등을 하기도 했어요. 지금은 활동비 외에 강의료나 원고료 수입이 있어서 크게 부족함을 느끼지 않아요.

너무 운동권 같은 말인데, 정말 돈이 없어서 힘들다고 생각했을 때는 하고 싶은 활동이 있는데 단체에 돈이 없어서 못할 때죠. 그럴 때 제일 답답하고 속상했어요. 개인적인 바람이 있다면 오랫동안 임대아파트에서 살고 계신 엄마를 좀 더 안전하고 편안한 집에 모시고 싶어요.

활동가로서의 삶을 멈출 생각은 없지만 만약에 그만두는 날이 오면 한적한 곳에 가서 요가하고 주위 사람들과 함께 책 읽으며 살고 싶어요. 그런데 분명히 거기서도 뭔가 일을 벌이고 투쟁을 하고 있지 않을까요?(웃음)."

인터뷰가 끝나고 저녁을 같이 먹기로 했지만 나영은 급한 일이 생겼다며 홀연히 떠났다. 아쉬운 마음을 달래기 위해 읽고 싶은 책이 무어냐고 물었더니 아래와 같은 메시지를 보내왔다.

"한승태, 《고기로 태어나서》, (시대의 창, 2018)"

주거권은 우리 모두가
누려야 하는 당연한 권리예요

서울과 부산의 보궐선거가 끝났다. 예상대로 그가 당선되었다. 눈앞이 캄캄하다. 정신을 바짝 차려야 한다. 그때처럼 당하지 않으려면.

한국의 도시개발 정국에 온몸으로 부딪히며 활동한 이원호가 생각났다. 이원호는 2009년에 발생한 용산참사 후, 용산참사진상규명 및 재개발제도개선위원회 사무국장을 맡아 현재까지 활동하고 있다(현재는 비상근 활동).

용산참사는 2009년 1월 20일 용산구 한강로 2가에 위치한 남일당 건물 옥상에서 재개발 문제로 점거농성을 벌이던 중에 일어났다. 당시에 세입자와 전국철거민연합회 회원, 경찰, 용역 직원들 간의 충돌로 화재가 발생해 사상자가 생겼다. 이 사건으로 세입자 2명, 전철연 회원 3명, 경찰특공대 1명이 사망하고, 23명이 부상(경찰 16명, 농성자 7명)을 입었다.

용산참사는 필연적 사건

"1990년대 초·중반까지만 해도 빈곤운동과 철거민운동은 한국사회에서 중요한 역할을 했어요. 실제로 학생운동도 철거민 싸움과 개발문제에 연대활동을 많이 했거든요. 그런데 어느 순간부터 단절되거나 괴리가 생기기 시작했어요. 용산참사는 단순히 어쩌다 일어난 사건이 아니에요. 필연적인 사건이었죠. 그 이유는 2000년대 중반부터 이명박 서울시장이 도심 광역개발을 추진했기 때문이에요. 대표적인 것이 뉴타운 사업인데 여기에 시민사회단체가 제대로 대응을 못 해서 생긴 참사이기도 해요."

대학에서 '도시빈민 선교회'라는 동아리 활동을 한 이원호는 1990년대 중반, 재개발 철거지역이었던 서울시 용산구 신천동에서 처음으로 격렬한 철거 싸움을 했다. 처음이어서인지 용역깡패들이 무서웠다. 하지만 거기서 물러서지 않았다. 용역깡패의 폭력과 폭언에 시달리는 주민들을 보았기 때문이다. 2007년에는 주거권 실현을 위한 국민연합이라는 단체에서 활동했다. 당시에는 뉴타운 개발사업이 활발하게 진행되고 있을 때였다. 뉴타운 지역 세입자를 만나 교육하고 조직하는 일을 하고 있던 이원호는 2009년 1월 21일 용산참사가 터졌다는 소식을 듣는다.

"사건이 터지고 1년 동안 현장에 있었어요. 희생당한 분들의 장례를 치르는 데 355일이 걸렸어요. 당시에 경찰의 폭력도 심했고, 여러 가지 물리적 어려움이 많았죠. 그런 것은 견딜 수 있었지만 그 이후가 문제였어요. 유족과 피해자들이 남일당에 있으면서 이명박 정권과 싸우고 그 싸움에서 지지 않으려고 단결하고 지내다가 장례 합의를 하고 1년 만에 장례를 치렀어요. 장례를 치르고 나니까 갑자기 일상으로 돌아가야 하잖아요. 활동가들은 어디로 가든 활동의 연장선인데 유족들은 1년 동안 완전히 다른 삶을 경험하고 일상으로 돌아가는 거라 힘들어하셨어요. 겉으로는 괜찮아 보였지만 트라우마가 워낙 커서 생존한 철거민 중에 갑자기 자살하신 분도 있어요. 그때 저도 놀랐지만 다른 분들도 많이 놀랐어요."

용산참사는 명백한 국가폭력으로 발생한 일이다. 하지만 국가는 철거민에게 실형을 선고하고 범죄자로 몰았다. 살기 위해 망루에 올라가서 생존권을 요구했는데 주검이 되어 돌아온 철거민이 있고, 죽음도 억울한데 범죄자라는 누명을 쓰고 산 철거민도 있었다. 그 세월을 어느 누가 보상해 줄까.

그 일을 1년 동안 옆에서 보고 겪었던 이원호의 마음에는 얼마나 깊은 생채기가 남았을까. 그 또한 희생된 분들과 다르지 않은 상처를 안고 살았을 거라 짐작하니 내 가슴도 미어졌다.

"2019년에 용산참사 10주기를 준비하면서 (용산참사의) 한 챕터를 정리하고 싶었어요. 그런데 하나도 밝혀진 게 없었어요. 여전히 2009년에 갇혀 있다는 말을 많이 했어요. 책임자 처벌은 못했지만 10년 동안 유가족과 생존자들과 손잡고 경찰조사위원회와 과거사위원회를 만들었거든요. 그렇게 진상 규명의 1라운드를 마무리하고 싶었는데 김석기(용산참사 당시 경찰청장)가 총선에 출마를 하는 바람에 거기에 대응하느라고 10년 싸움을 마무리 못 했어요.

국가폭력 피해자들에게 많이 나타나는 양상인데, 거대한 적에 맞서 싸울 때는 똘똘 뭉쳐서 싸우잖아요. 그런데 적이 꿈쩍도 안 하면 피해자들은 지쳐요. 용산사건도 그런 과정이 많았어요. 내부에서도 크고 작은 갈등이 생겼고요. 저는 그 과정을 지켜보면서 조율하고 설득하느라 힘들었죠."

목사의 꿈을 접고 투사가 되다

이원호의 고향은 강원도 정선이다. 아버지는 사북에서 광부로 일했다. 중·고교 시절에는 모범생이었다. 교회를 열심히 다니고, 선생님을 욕하는 친구들을 이해하지 못하는 순진한 학생이었다. 대학에 입학하기 전까지 한 번도 서울에 가보지 못한 촌놈이었다. 목사가 되고 싶어 신학대학에 입학했다. 봉사활동을 하기 위해 도시빈민선교 동아리에서 활동했고, 그곳에서 다른 세상을 만났다. 상상해보지 않은 삶을 사는 사람들을 만났고, 재개발로 쫓겨난 사람들을 만났다. 목사가 된다고 그 사람들의 삶이 달라질 것 같지 않았다. 목사의 꿈을 접고 '투사'가 되었다.

> **"**달동네 담장 무너진 거 쌓고 아이들 학습 도와주는 봉사 동아리인 줄 알고 동아리 활동을 시작했어요. 운동권 동아리인 줄은 몰랐던 거죠(웃음). 재개발 지역의 공부방은 산꼭대기에 있어서 아이들하고 공 차다가 공이 밑으로 굴러가면 산비탈 따라서 공 주우러 가는 게 일이었어요. 재개발 때문에 없어진 공부방이 많았어요.**"**

용산참사 범국민대책위원회 사무국장으로 활동한 지 8년 만인 2017년, 한국도시연구소에서 함께 일해보자는 제안을 받았다. 도시연구소는 빈민운동 동아리 활동할 때 알고 있던 곳이다. 이원호가 대학 때 알던 도시연구소는 활동가들을 교육해서 파견하는 일을 했는데 지금은 한국도시연구소로 전환해 재개발 이슈와 관련된 정책을 만들고 있다. 그곳에서 4년째 연구원으로 일하고 있다. 6월부터는 빈곤사회연대 활동가로 복귀할 예정이다.

4월 7일 서울시 보궐선거 결과를 본 이원호는 참담함을 감추지 못했다.

"2009년, 그때로 돌아간 느낌이에요. 재개발, 재건축을 활성화할 조짐이 확실하고 다시 뉴타운 삽질의 시대로 돌아가는 거죠. 용산참사가 벌어지기 전에 대규모 도시개발을 통한 부동산 욕망이 들끓고 있었는데 그 정점에서 용산참사가 터졌고, 2009년 이후에는 부동산 침체기였어요.

이번 서울시 보궐선거에서 오세훈 씨가 당선되기 전까지는 전면철거에서 도시재생으로 전환하는 시기였는데 도시재생이 뿌리내리기도 전에 다시 전면철거형 재개발의 시대로 돌아가는 거예요.

지역을 개발한다는 것은 개발구역이 정해지는 거잖아요. 이 개발구역에 살고 있는 사람들, 철거민만의 문제라고 치부하는데 그렇지 않거든요. 2009년에 용산참사가 벌어진 후 많은 사람이 용산에 왔어요. 그때 반성적인 이야기를 많이 했어요. 개발문제가 개발구역에 있는 사람들에게만 영향을 미치는 게 아니라 그 지역 전체가 보수적으로 재구성되는 과정이거든요. 지역단체들의 기반도 상실되는 과정이고요. 여기에 운동사회가 제대로 대응하지 못하고 철거민운동에만 머물렀다는 게 한계였어요.

도시개발의 목표는 원주민들의 주거환경을 개선하고 주택공급을 통해서 집 없는 사람들에게 집을 주겠다는 거거든요. 그동안의 도시개발 역사를 보면 원주민들은 재정착하지 못하고 10퍼센트, 15퍼센트만 정착을 해요. 나머지는 다 쫓겨나는 거죠. 그러면 주택공급이 늘어서 집 없는 사람이 집을 갖게 되었느냐 하면 그건 아니거든요. 여전히 주택소유율은 그 전과 동일한 비율인 50~60퍼센트인 거예요. 이미 집이 있는 사람들이 투기 목적으로 새로 지은 집을 사기 때문이에요. 이렇게 투기 목적으로 활용되었던 개발의 역사가 지금 우리가 느끼는 주거권의 박탈을 가져왔다고 봐요.

2006년, 2007년에 운동진영이 뉴타운 대응을 제대로 못해서 용산참사라는 사건이 터졌는데 서울시장 보궐선거 후 다시 재개발, 재건축 조짐이 보이는 이 국면에서는 제대로 대응해야 해요. 그렇게 못해서 또 끔찍한 사건이 터지면 안 되잖아요. 저는 두려워요."

주거권은 인간이 누려야 할 당연한 권리

용산참사가 터지고 집회에 갔을 때, 이원호가 사회를 봤던 기억이 난다. 이원호는 차분하고 조용한 스타일이었다. 그랬던 그가, 집회 현장에서는 완전히 다른 사람으로 변했다. 어디서 그렇게 우렁찬 목소리가 나오는지 믿기 힘들 정도로 단호하게 구호를 외쳤다. 그 모습에 매료되었던 기억이 난다.

어느덧 용산참사가 터진 지 12년이라는 세월이 흘렀다. 그 사이에 이원호는 당시에 빈곤사회연대 활동가였던 B씨와 결혼을 했다. 벌써 7년 차라고 한다. 결혼식에도 못 가서 미안했던 나는 결혼생활은 어떤지, 둘 다 활동가인데 경제적인 어려움은 없는지 시시콜콜한 질문을 던졌다.

> "얼마 전에 행복주택으로 이사했어요. 행복주택에 입주할 수 있는 조건을 보니까 결혼한 지 7년 차인 사람도 된다고 해서요. 결혼 7년 차인 저희가 법적으로는 아직 신혼인가 봐요. 역세권이고, 숲세권이에요(웃음).
>
> 저희는 고양이 두 마리와 행복하게 살고 있어요. 고양이 한 마리가 당뇨에 걸려서 당뇨 주사를 시간 맞춰 놓아야 해요. 그래서 인터뷰 끝나고 빨리 가봐야 해요.
>
> 활동가들의 경제적인 문제는 다 비슷하죠. 저희는 많이 쓰지 않으니까 그럭저럭 버틸 만한데 고양이한테는 돈이 좀 들어가요."

쑥스러움이 많은 이원호는 개인적인 질문에는 단답형으로 대답했다. 활동가로서 살길 잘했다는 생각이 들 때는 언제냐고 묻자, "잘못된 사회를 크게 변화시키지는 못 하지만 조금씩이라도 바뀌는 것을 보면 이 삶이 결코 나쁘지는 않은" 것 같단다. 그리고 아껴 놓았던 에피소드를 꺼냈다.

"2008년에 왕십리 뉴타운 철거 싸움을 할 때예요. 세입자들 조직하는 사업을 했어요. 지역에 있는 민주노동당 사무실에서 모임을 했어요. 첫 주에는 한 10명 정도 모였어요. 우리는 매주 모임을 할 거니까 사람들을 더 데리고 오라면서 유인물을 나눠줬어요. 그런데 몇 주 만에 사람들이 100명 넘게 모였어요. 나중에는 사람이 많아져서 청계천 다리 밑에서 모였어요. 당시에는 세입자들이 재개발지역 세입자 대책이라는 것을 모르고 있을 때예요. 뉴타운 사업을 하면 우리 동네가 좋아지는 건지 알고 개발에 찬성을 한 거죠. 막상 나갈 때가 되면 인식을 하죠. '나가라고 나가는 게 아니구나' 하고.

한번은 철거대책위 사무실에 용역들이 쳐들어와서 저하고 주민들이 용역들 바짓가랑이를 붙잡고 버티고 있었어요. 그런데 힘으로 버틴다고 되는 일이 아니잖아요. 폭행당하고 맞으면서 버텼는데 경찰이 왔고, 용역들은 도망갔어요. 그때 제가 '이대로는 못 넘어간다, 도로를 점거하자'며 도로로 나갔어요. 도로에서 한 시간가량 연좌농성을 했어요. 그때 주민 20여 명과 제가 연행됐어요. 이때 주민들이 뉴타운 문제에 눈을 뜬 거예요. 왕십리 철거민들이 많은 역할을 했어요. 철거민들이 언론에 인터뷰하면서 '이건 나라도 아니다'라고 말했는데 그 영상이 북한 선전매체에 올라간 거예요. 북한은 이 영상을 '남한은 이렇게 살기 힘든 동네다'라며 역이용하고 그랬어요. 지금 생각해보면 웃긴 일화죠."

웃긴 얘기지만 마음 편히 웃을 수 없는 이야기를 들으니 씁쓸했다. 고양이에게 인슐린 주사를 놓아야 할 시간이 다가오자 이원호는 초조함을 감추지 못했다. 마지막으로 할 말을 쏟아놓고 총총히 떠났다.

"한국사회에서 '주거권을 보장하라'는 구호는 단순히 철거민들과 집 없는 홈리스의 구호라고 보잖아요. 주거권이 굉장히 낯선 권리고, 개인이 해결해야 하는 문제고, 재테크와 관련된 문제로 치부되어서 그래요. 주거권은 인간이 누려야 할 당연한 권리인데도요. 이것이 나의 권리라는 것을 깨닫고 말하는 것에서부터 출발해야 주거권 운동을 제대로 할 수 있는 것 같아요. 그런 의미에서 용산구 동자동의 쪽방촌을 공공주택으로 개발하기로 한 것은 그동안 끊임없이 주민들이 요구한 결과예요. 참 잘된 일이죠."

텀블러 깜빡한 날에는
밖에서 물 안 마셔요

지난 4월 22일, 지구의 날에는 40개국의 정상이 화상으로 만나 기후정상회의를 열었다. 이날 회의에서 멕시코 출신의 청소년 환경운동가인 시예 바스티다는 지구 온난화 해결책으로 "기후정의가 사회정의라는 사실과 일치해야 하고, 전 세계가 신재생 에너지로 즉각 전환해 화석연료 보조금 지급 및 기반 시설 구축을 중단해야 한다"라고 말했다.

한국의 청소년기후행동은 문재인 대통령의 기후정상회의 연설을 비판했다. 미국의 바이든 행정부가 기후정상회의에 복귀한 것을 필두로 각국의 정상들이 앞다투어 온실가스 저감 목표를 상향 조정하고 있는 것에 반해, 문재인 대통령은 구체적인 목표치를 제시하지 못했기 때문이다. 앞으로 살아갈 날이 더 많은 청소년 세대가 앞장서서 기후위기 문제에 대응하는 모습을 보니 무척 든든했다.

우리 근처에도 환경문제에 관심을 가진 활동가들이 많다. 그 중에서 은평구에서 활발하게 활동하고 있는 '태양과바람에너지 협동조합(아래 태바에협)'의 김원국 사무국장을 2021년 4월, 은평구 인근에서 만났다.

손 내밀고 손잡고 갈 수 있는 사람이 활동가

김원국은 부산에서 나고 자랐다. 대학도 부산에서 다녔다. 2003년 부산환경운동연합에서 활동하다가 전환점이 필요해 무작정 서울로 올라왔다. 2004년에 평택환경운동연합에서 다시 활동을 시작했다.

　"학생운동을 하면서 학생운동이 계파싸움으로 가는 것에 환멸을 느꼈어요. 그래서 저는 학생운동 변두리에서 머물다가 시민운동에 관심을 가졌어요. 부산에는 시민운동단체가 크게 세 곳이 있었어요. 부산경실련, 부산참여연대, 부산환경운동연합. 저는 자연스럽게 환경운동연합에 관심이 갔어요.

　2001년 몽골 사막화 방지 운동을 하러 몽골에 갔어요. 황사가 몽골의 고비 사막에서 시작돼 중국을 거쳐 한국까지 날

아오거든요. 한국, 일본, 몽골 3개 나라에서 황사 발현지에 나무를 심고 황사가 덜 일어나게 하는 국제운동을 시작했어요. 그때 사막화 방지 운동을 처음 접하고 나서 환경운동이 나하고 잘 맞는다는 걸 알았어요.**"**

김원국은 어렸을 때부터 책 읽기를 좋아했다. 특히 소설책을 좋아했다. 소설가로 등단하는 꿈을 꾸었다. 윤대녕과 은희경의 작품을 좋아했고 필사를 했다. 낙타가 바늘귀에 들어가기보다 어렵다는 신춘문예에도 도전했다. 결과는 낙선이었다.

"신춘문예에 도전한 건 20대였어요. 그런데 소설이라는 게 경험에서 우러나와야 개연성이 생기잖아요. 그때는 어려서 그런 개연성을 담지 못했어요. 지금은 환경운동가로 20여 년 살았으니까 환경문제를 잘 드러낼 수 있는 소설을 쓰고 싶어요.**"**

꿈을 가지고 산다는 건 좋은 일이다. 나 역시 '꿈은 이루어진다'는 말을 믿으며 살고 있다. 기후위기 때문에 5월에 피어야 할 꽃이 4월에 피고 겨울에 와야 할 눈이 4월 말에도 온다는 게 얼마나 끔찍한 일인가. 지금 내 꿈은 '4계절이 뚜렷한 한반도'를 다시 보는 것이다. 허황한 꿈이 아니길 빈다.

김원국은 환경운동연합에서 활동하다가 대형 국책사업에 반대하는 투쟁의 현장에서 몸과 마음이 지쳐갔다. 개발을 막지 못하는 일이 반복되는 것에 소진되어 일을 그만둔다. 그리고 '문화연대'에서 다시 활동을 시작한다.

　"문화연대에서 활동할 때 제일 큰 이슈가 한미FTA였어요. 당시 한미FTA저지범국민운동본부라는 큰 연대조직에서 문화연대가 제일 핵심적인 위치에 있었어요. 미행당하는 활동가도 많았어요. 저는 그때 신혼이었고 아내가 임신한 상태였어요. 그런데 한미FTA 투쟁하느라고 집에도 못 들어가고 바깥으로 많이 돌아 아내가 불만이 많았어요.

　아이가 태어나고 육아휴직을 했어요. 6개월 만에 복귀를 했는데 아이 키우면서 활동하기에는 활동비가 너무 적었어요. 잠시 운동판을 떠나서 돈을 벌어야겠다는 생각을 하고 문화연대를 그만두었죠. 작은 출판사에 들어갔어요. 마침 그 출판사가 노동운동 선배들이 만든 출판사라 다들 활동가처럼 살고 있었어요. 정기적으로 만드는 잡지가 있어서 시민단체보다는 급여 조건이 나았어요.**"**

　출판사에서 단행본 영업을 맡아 일하던 김원국은 출판사 일은 처음이라 배우면서 일할 수밖에 없었다. 다행히 인문사회과학출판인협의회라는 출판단체에 운동권 출신 선배들이 많았다. 그가 영업을 맡았다고 하자, 이런저런 도움을 주었고 짧은 기간에 영업 노하우를 배울 수 있었다. 시간이 지나자 편집일도 하고, 잡지에 글을 써줄 필자를 섭외하고 직접 글을 쓰기도 했다.

"활동가는 많은 사람과 공감하고 같은 방향으로 가자고 이끌어가는 사람이에요. 그중 하나는 '말'이고 하나는 '글'이에요. 말과 글로 사람들한테 같은 방향으로 가자고 제안하고 설득하는 과정에 활동가가 있는 거예요. 투쟁이 있을 때는 저항하느라 드러눕고 연행당한 적도 있지만 에너지가 너무 많이 소모돼요. 정말 우리가 가야 하는 방향이 어떤 것인지 알고 제안하고 손 내밀고 손잡고 갈 수 있는 사람이 활동가라고 생각해요. 그런 마인드로 출판사 영업을 했던 것 같아요.

서점에 영업을 하러 나가서 이 책이 얼마나 많이 팔릴 것이라고 말하지 않고, 이런 책은 우리 사회에 꼭 필요한 책이기 때문에 이 서점에서 가지고 있어야 한다고 얘기해요. 사람들 눈에 잘 띄는 곳에 배치하는 것이 사회정의를 위해 지금 여기에서 우리가 할 수 있는 실천이 아니겠냐고 설득하죠. 활동가로 살다가 책 파는 일을 시작했을 때 저에게 잘 맞는다고 느꼈어요. 이렇게 사람을 만나서 작은 일이라도 함께 하자고 설득하는 지점이 일맥상통하는 것 같아요."

김원국은 어떤 질문에도 논리정연하게 대답하는 달변가였다. 논리가 탄탄해서 중간에 말을 끊기가 어려웠다. 김원국은 어떤 주제로 이야기를 해도 주변을 압도할 만한 에너지를 뿜어냈다. 외향적이지 않고 조용하면서도 할 말은 설득력 있게 하는 사람이다. 낯을 가리는 성격이다. 사람들을 만나고 조직하는 일이 부담스러운 성향이었지만 그 장벽을 잘 넘었다.

소설가가 꿈이었던 사람

환경운동과 문화운동을 하고 태바에협을 만들게 된 이야기를 들어보았다. 태바에협은 은평지역의 활동가 및 노동당, 녹색당, 생태보전시민모임 그리고 두레생협, 살림의료생협의 구성원들이 주축이 되어 2013년 4월 19일에 99명의 발기인이 모여 창립총회를 했다.

“창립총회 할 때 조합원 모집하느라 애를 좀 먹었어요. 8년 차가 된 지금은 그럭저럭 자리를 잡아가고 있어요. 기후 위기를 극복하고 핵에너지의 위험에서 벗어나기 위해서는 에너지 전환 과정을 거쳐야 해요. 이것은 단순히 재생에너지를 늘리기만 해서 되는 일이 아니에요. 많은 시민의 참여가 있어야만 가능한 일이거든요. 재생에너지를 확산해가면서 동시에 다양한 방식으로 과하게 사용하고 있는 에너지를 줄이는 활동으로도 이어져야 해요. 에너지협동조합은 이러한 에너지 전환의 과정을 만들어가는 가장 좋은 매개체예요.

초창기인 2015년도에는 시민참여형 에너지협동조합이 전국에 20여 개밖에 없었는데 지금은 전국적으로 50여 개가 있어요. 예전에 환경운동 했던 선배들이 이쪽으로 많이 넘어오셨고, 지금 각 지역에서 재생에너지 협동조합을 만들었어요. 그분들께 제가 실무적인 부분에서 도움을 드리고 있어요.

협동조합이 많이 생기는 것에 비해 협동조합의 가치를 찾으려고 노력하는 사람은 많지 않아요. 태바에협은 그런 가치를 담아내는 일을 하고 있어요. 예를 들면, 조합원들이 10만 원이든 100만 원이든 출자금을 내고 발전소를 만들어요. 그다음부터는 발전소하고 연결하는 매개가 없어요. 태바에협은 매개체를 만들기 위해서 조합원과 함께 발전소에 청소를 하러 가요. 6년째 그렇게 하고 있어요. 부모가 조합원인 경우에는 아이들도 조합원으로 가입을 시켜요. 어릴 때부터 교육을 하면 일상생활에서 자연스럽게 에너지 절약을 실천하게 되거든요.

초등학교 3학년인 어린이 조합원은 기후위기 문제가 심각하다는 것을 알고 학교에 가서 친구들한테 설파하는 거예요. 일회용품을 쓰지 않아야 한다고 친구들에게 말하고, 선생님한테도 계속 이야기해요. 이 친구가 언젠가 어린이 조합원 모임에서 그러더라고요. '청와대 앞에 가서 1인 시위를 하고 싶다. 대통령이 왜 기후위기에 대해서 방관하느냐'라고요.

스웨덴의 그레타 툰베리가 우리나라에도 있다는 생각에 무척 흐뭇했어요."

협동조합 설립의 의미를 알고 몸소 실천하는 것은 쉬운 일이 아니다. 태바에협은 실천 활동에 무게를 두고 있다. 자발적인 참여와 살아 있는 교육을 중시한다. 이것이 태바에협과 다른 협동조합의 차이점이다.

아이 업고 집회 참석하는 아빠

실제로 청소년들이 기후위기 소송을 준비하고 있다는 소식도 들린다. 어른들보다 더 적극적으로 기후위기에 대응하고 있다. 김원국은 어린이 조합원들의 적극적인 활동 모습을 보면서 에너지 협동조합을 만든 것에 큰 자부심을 가지고 있다. 분위기가 고조된 듯 그의 얼굴은 활짝 웃고 있었다. 그리고 본인의 아이들 이야기도 들려주었다.

"딸아이가 두 명 있어요. 저는 아이들이 아주 어릴 때부터 업고 집회 다녔어요. 거리 행진 하다가 건물 화장실에 들어가서 기저귀 갈고 분유 먹이고요. 그래서인지 아이들은 엄마랑 있을 때와 아빠랑 있을 때의 차이점을 못 느껴요. 우리 아이들은 어른들보다 더 철저하게 에너지를 아껴요. 사용하지 않는 전자제품은 반드시 코드를 뽑고, 멀티탭의 스위치를 끄고, 설거지할 때나 양치할 때 수돗물이 흐르게 내버려 두지 않아요. 일회용품을 사용하지 않고, 재활용품 분리수거도 철저하게 하죠. 그게 당연한 거 아닌가요?(웃음).

아이들이 본인이 하고 싶은 게 무엇인지 빨리 찾고, 그 길로 가는 사람이 되었으면 좋겠어요. 저는 중학교 때부터 소설가가 되고 싶었는데 아직도 그 꿈을 못 버리고 있잖아요(웃음).**"**

아이를 업고 집회에 참석하다니, 열성 활동가라서 그런지 뭐가 달라도 다르다. 이처럼 특별한 조기교육(?)을 받고 자랐으니 아이들의 습관도 남달랐다.

"텀블러를 가지고 다니는 것은 기본이잖아요. 손수건도 마찬가지고요. 만약에 텀블러나 손수건 안 가지고 나가면, 물 안 마시고, 땀 나면 그냥 옷으로 닦아요(웃음). 샴푸, 린스는 당연히 안 쓰고, 주방세제 안 쓰고 쌀뜨물로 기름기 제거하고, 수세미는 천연수세미를 써요. 비누를 덜 쓰고, 물로만 머리를 감아요. 물로 머리를 감으면 3~4일은 버틸 수 있는데 그 이후엔 조금 곤란하더군요. 그래서 샴푸나 비누를 물에 조금 희석해서 써요. 세탁세제를 조금만 쓰기 위해 세탁볼을 사용해요. 자전거를 잘 못 타서 집에서 사무실까지 왕복 5킬로미터를 매일 걸어 다녀요. 자동차는 당연히 없고요(웃음)."

팀블러를 안 갖고 나가면 물도 안 마신다니, 의지가 대단하다. 보통은 개인 컵 안 가지고 나가면 바로 일회용 컵을 찾게 되는데. 강원국은 변화의 큰 밑거름은 작은 실천에서 출발한다는 것을 온몸으로 보여주고 있었다.

"한국사회는 기형적인 사회예요. 환경운동, 노동운동, 문화운동 등 전체적인 사회운동을 두루 경험해 봤어요. 그중에서 제일 심각한 분야가 에너지 문제와 기후위기 문제인 것 같아요. 그런데 사회 전체적으로 그런 인식이 없어요. 그 점이 가장 안타깝고 아쉬워요. 이러한 인식을 확산하는 데 제가 가진 재능을 썼으면 좋겠어요. 아, 물론 전업 활동에서 물러나면 골방에 처박혀 글 써야죠(웃음)."

나를 필요로 하는 일이면
무조건 한 거죠

유의선을 처음 만난 건 2004년이다. 사회복지를 공부한 나는 가
난한 사람들이 차별받는 일에 분노했고, 사회복지 서비스가 시혜
적 성격을 띠고 있는 현실에 화가 났다. 사회서비스는 정책과 법
을 바꾸지 않고는 시혜적 모습에서 벗어날 수 없다. 이 의제에 동
의하는 사람들이 모여 2002년에 '민중복지연대'라는 단체를 만
들었다. 우리 단체와 빈곤사회연대는 같은 사무실을 썼다. 단체
의 이름은 달랐지만 겹치는 활동이 많았다. 유의선은 2004년부터
2008년까지 빈곤사회연대의 사무국장을 맡았다.

그녀는 늘 분주하고 정신없는 생활 속에서도 특유의 너털웃음
으로 상대방을 편하게 해주었다. 아무리 피곤해도 술 먹자거나
고민이 있다고 하면 거절하지 않고 시간을 내주었고, 이야기를

들어주었다. 그런 모습은 나뿐만 아니라 누구에게나 긍정적 에너지를 주기에 충분했다.

" 대학에서 학생운동을 했어요. 1996년도에 연세대 사태*에 결합했어요. 연세대 사태를 마무리하고 노동현장에 들어갔어요. 청계천에서 시다를 하다가 인천의 남동공단에 취업해서 일하고 있었어요. 연세대 사태에서 한총련 재정국장을 맡았다는 이유로 구속됐어요. 국가보안법 위반으로 4개월 살고 집행유예로 나왔어요. 현장으로 돌아가지 못했어요. 민주노총에 있는 아는 분의 추천을 받아 '실업극복국민운동본부' 서울센터에서 일을 했어요. 얼마 후 '실업자도 노동자다'라는 슬로건을 걸고, 서울지역 '실업운동연대'라는 단체를 만들었어요.

실업문제를 다루면서 국민기초생활보장법을 제대로 만들어야 빈곤문제를 해결할 수 있다고 생각했어요. 국민기초법 현실화, 최저생계비 현실화를 위해 활동하기 시작했죠. 2001년에 명동성당에서 뇌성마비 장애인인 최옥란 씨와 함께 농성했어요. 수급을 받던 최옥란 씨는 다음 해에 수급이

---

* 연세대 사태: 1996년 8월 한총련(한국대학생총연합)이 연세대학교 교정에서 주최한 범국민대회를 경찰이 강제 해산하려고 했다. 이에 맞선 한총련 소속 대학생 2만여 명이 연세대학교 교내 건물을 점거하고 농성시위를 한 사건을 이른다.

탈락될 상황에 놓이자 이를 비관해 자살했어요. 최옥란 열사의 죽음을 보고 빈곤문제를 풀기 위한 활동을 평생 해야겠다고 결심했죠."

한 달간의 여행이 되찾아준 것들

빈곤문제를 해결한다는 것은 실로 거창한 의제다. 많은 사람이 이 문제 때문에 목숨을 걸고 싸웠다. 물론 현재진행형이다. 2008년에 빈곤사회연대의 소속단체인 전국노점상총연합(이하 전노련) 고양지부에서 한 분의 노점상이 돌아가셨다. 그때 지도부가 모두 수배를 받자 유의선은 상황실장을 맡았고, 장례를 치렀다.

장례가 끝나고 잠시 쉬려고 했지만 2009년 1월에 용산참사가 터졌다. 유의선은 빈민대책위 집행위원장을 맡았다. 추모제 사회를 봤는데 체포영장이 떨어졌다. 다행히 구속은 면했다. 그 이후에 활동을 제대로 못 하자 우울증이 생겼다. 가만히 있으면 우울증이 더 심해질 것 같았다. 텐트와 코펠 하나를 챙겨서 한 달 동안 여행을 했다.

"온전히 놀아본 적이 별로 없어요. 수련회를 가도 만날 회의하고 토론하느라 에너지가 고갈되어 집에 돌아왔어요. 아무 생각 없이 놀러 다니니까 정말 좋더라고요. 우울증도 나아졌고요. 여행 가기 전과 여행 이후가 너무 달라요. 나는 평생을 빈곤운동을 하면서 살겠다고 했지만, 그러다가는 내가 죽을 것 같아서 잠시 쉬었어요. 돌이켜보니 도망쳤다는 생각이 드는 거예요. 스스로가 용납이 안 됐어요.**"**

몸이 안 좋아 쉬었을 뿐인데 도망쳤다는 생각이 들면서 자괴감에 빠져 지냈다. 그러기를 두어 달, 상태가 조금씩 나아졌고 다시 힘을 냈다. 진보신당 대외협력실장으로 일했다. 2011년에는 진보신당 서울시당 위원장으로 출마해 당선되었지만, 곧이어 통합진보당 사태가 터졌다. 더는 정치 공간에 머무를 수 없었다.

"먹고살 길을 찾다가 마땅한 게 없어서 노점상 아르바이트를 하려고 했어요. 그랬더니 노점상 하시는 분들이 직접 노점을 운영해 보라고 해서 시작했어요. 2012년에 금천구 시흥동에서 마차 하나를 얻어서 붕어빵을 팔았어요. 매일 단속을 받았어요. 봄이 되자 더 이상 붕어빵이 팔리지 않아 떡볶이와 튀김을 추가했어요. 하루걸러 단속이 들어왔어요. 그래도 그럭저럭 버텼어요.

가을에는 400만 원을 대출받아서 아예 박스형 노점을 시작했어요. 핸드폰 케이스를 팔았는데, 이때부터는 단속이 집중되어서 3개월 동안 집에도 못 들어가고 박스를 지켰어요. 저뿐만 아니라 마차를 지키던 다른 노점상들도 고생을 많이 했어요. 하지만 결국 마차를 뺏겼어요. 너무 힘들어서 계속 싸울 수가 없었어요. 그래서 노점을 접고 녹즙 배달을 했어요. 녹즙 배달 전에도 골프장 캐디, 가사도우미, 전단 붙이는 일, 봉제공장 시다 등 안 해본 일이 없어요.

마음속으로는 항상 노점상, 노숙인, 빈곤계층과 함께하며 더 나은 사회를 만드는 게 내가 할 일이라고 믿었어요. 30대에 빈곤사회연대 사무국장을 했으니까 40대에는 운동가로서 경력이 쌓여 정말 내가 하고 싶은 활동을 할 수 있을 거라고 생각했어요. 막상 40대가 되니 방향을 잃었어요. 그러다가 노점상 조직이 세상을 바꾸는 데 큰 역할은 못 해도 한 걸음 보탤 수 있겠다는 생각으로 전노련(전국노점상연합회)에 갔어요. 그런데 단순히 현장 투쟁만으로는 안 되겠다는 생각이 들었어요. 내용과 방식을 바꾸고 싶어서 의장 선거에 나갔어요. 낙선했어요. 지금 와서 생각해보니 나는 주류 운동에 닿지 못하는 운명이 아니었을까 하는 생각이 들어요(웃음).

운동을 꼭 주류에서 해야 하는 건 아니지만 뼈를 갈아 넣으며 활동할 때는 더 열심히 하고 싶고, 더 많은 변화를 만들고 싶고, 인정받고 싶은 욕심이 생기죠. 사람들이 저를 떠올리면 첫 번째가 노점, 두 번째는 요리, 세 번째는 고양이래요 (웃음). **"**

나는 유의선을 떠올리면 술이 먼저 생각난다. 언제 어디서든 가장 편안하게 술을 마실 수 있는 사람이니까. 그녀의 주량이 세다는 것도 한몫했지만, 늘 겸손한 태도로 상대방의 이야기를 잘 들어 주었기 때문이다. 싱글인 그녀에게 결혼생활의 피곤함을 주저리주저리 떠들어도 공감해 주었고, 활동하면서 느끼는 소외감을 털어놓아도 맞장구를 쳐주었다.

열심히 투쟁할 때가 가장 행복하다

그다음으로 유의선 하면 떠오르는 건 음식이다. 유난히 김치를 많이 먹는 우리집은 겨울이면 꼭 김장을 한다. 번거로운 김장을 혼자 할 엄두는 못 낸다. 엄마의 훈수가 필요했고, 일손이 필요했다. 유의선은 내가 김장을 한다고 통보하면 두말없이 우리집으로 달려와 주었다.

> **"**추운 겨울이었어요. 기초생활 보장법 개정 농성을 여의도에서 했어요. 여의도는 물가가 너무 비싸요. 심지어 김밥도 비싸더라고요. 농성장에는 장애인도 있고, 노점상도 있고, 움직이기가 쉽지 않았어요. 저는 맛있는 거 먹는 걸 좋아해요. 당시에 활동비를 60만 원 받았거든요. 그 돈으로 밥을 사 먹으면서 농성을 하는 게 쉽지 않았죠. 할 수 없이 내가 재료를 사서 만들었어요. 그때부터 음식을 하기 시작한 거예요.

그전까지는 음식을 만들 일이 없었어요. 집에 가면 늘 자정이 넘었으니까. 조금씩 음식 만드는 일에 재미가 붙었어요. 밖에서 사 먹느니 제철 재료 사다가 우리집에서 먹자면서 사람들을 초대했어요. 매년 크리스마스이브 때는 애인 없는 사람들이 모여서 파티를 했고, 계절마다 제철 음식을 만들어서 먹었어요.

음식을 만들면서 머리가 맑아진다는 걸 느꼈어요. 우리는 늘 싸우는 일을 기획하고, 하는 일이 싸움이잖아요. 언제나 뭔가 요구하고 소리 지르고. 노점 할 때는 단속반과 싸우느라 몇 달씩 밤새우면서 허리 꺾이고 팔 부러지고. 그런 일을 겪으면서 우리에게 기쁨은 무엇일까, 하는 생각에 우울감이 찾아들었어요. 생각 끝에 맛있는 걸 자주 해 먹자는 결론을 냈어요. 음식을 만들기 시작한 것은 저에게 큰 변화예요. 지금도 우울증 왔다는 사람 있으면 캠핑을 데리고 가거나 음식을 만들어서 먹여요. 어쩌면 이런 게 나만의 운동 방식이 아닐까, 하는 생각도 들어요."

유의선 곁에는 늘 사람들이 있다. 사람들에게 치이고 사람에게 상처받기 일쑤인데도 사람을 챙기기 때문이리라.

"정말 행복했던 때는 가장 열심히 투쟁했을 때예요. 1994년도에 총학생회장 했을 때와 2004년부터 2008년까지 빈곤사회연대 사무국장 했을 때, 진보신당 서울시당 위원장 했을 때, 이때가 가장 행복했어요.

언제나 사람들과 뭔가를 하고 있을 때가 제일 좋아요. 일이 끝나고 사람들과 함께 술잔을 기울이며 이야기를 나누고 집에 와서 누우면 몸은 힘들어도 세상을 다 가진 것처럼 뿌듯해요. 지금도 마찬가지고. 행사 하나 끝나면 서점에 가서 요리책을 사서 요리를 했어요. 그리고 사람들을 불러서 같이 먹는 거죠(웃음). 혼자 뭔가를 한다는 게 상상이 안 됐어요. 영화는 혼자 봐도 되는 거잖아요. 영화를 보려고 마음먹으면 여유가 있다는 느낌이 들어서 불편했어요. 시간이 아깝다는 생각이 들고. 그래서 영화관도 잘 안 갔어요.

지금까지 내 삶에서 한 번도 빈곤문제를 삭제해본 적이 없어요. 지금은 예전처럼 시위대 맨 앞에서 짱돌을 던지거나 집회에서 사회를 보지는 않지만, 가난한 사람들과의 연결고리는 무엇일까를 항상 고민해요.**"**

내가 기억하는 유의선은 늘 역동적이었다. 그중에서도 가장 선명하게 떠오르는 건 집회에서 마이크 잡고 사회를 보는 모습이다. 청력이 안 좋은 내 귀에도 쩌렁쩌렁 울리는 그녀의 목소리가 아직도 생생하다. 또 하나는 음식을 풍성하게 만들어서 사람들에게 대접하는 모습이다. 비용이 만만치 않을 텐데도 아낌없이 재료를 사고 정성스레 음식을 만들어 나누어 먹는다. 마치 자식들을 배불리 먹이고 싶은 어머니처럼.

다시 태어나도 활동가의 삶 선택하겠다

"사람들이 저를 떠올리면 노점, 음식, 고양이, 이 세 가지가 생각난다는데 이제는 좀 바뀌었으면 좋겠어요. 노점은 안 떠올렸으면 좋겠고, 좀 더 교양 있고 우아한 이미지로 떠올리면 좋겠어요. 내가 노점 활동을 10년을 했지만 그래도 노점보다는 '조직가'로 불리고 싶어요. 예전의 나는 추진력 있고, 집회할 때 사회도 잘 보고 그랬는데 왜 조직가로 안 떠올리고 노점, 음식, 고양이를 떠올리는지 모르겠어요. 좀 없어 보이지 않아요?(웃음)

2018년 9월부터 '정치발전소'라는 단체에서 교육국장으로 일하고 있어요. 정치발전소는 민주주의와 좋은 정치를 위한 교육 활동을 하는 곳이에요. 최근에 정치발전소에서 '마키아벨리의 편지'라는 사업을 시작했어요. 매월 정치발전소가 선정한 책을 가이드북과 함께 회원들에게 배송해요. 관련 주제로 특강을 열고 독서모임을 하는 프로그램이에요. 신기하고 재미있어요. 처음으로 투쟁하지 않는 활동을 하고 있지요(웃음). 지금까지는 '어떻게 하면 싸움에서 이길까' 하는 고민만 했는데 이곳은 그렇지 않으니까 어색했어요. 공장에서 기계만 만지다가 사무직에 온 느낌? 그런 느낌이에요.

점심을 먹고 차를 마시며 담소를 나누는데 부정적인 단어를 안 쓰면서 말하고 있는 거예요. 놀랐어요. '현실은 이렇게 치열하고 각박한데 양반 기침하는 소리 하고 있네'라고 말할지 몰라요. 저도 그런 생각이 없지 않은데, 좋은 얘기를 하고 좋은 기운을 받아야 몸과 마음에 긍정적인 기운이 생겨요. 운동도 정치도 공부해야 좋아지고 소진하는 만큼 채워 넣어야 해요. 활동하면서 지친 몸과 마음은 쉽게 치유되지 않아요. 평화롭고 행복한 시간이 어색해도 정말 필요해요. 정치발전소가 더 폭넓은 활동을 하고 더 좋은 정치를 하기 위한 중간 단계에 있었으면 좋겠어요.

'나는 누구인가'라는 질문을 스스로 해본 적이 없어요. 활동하면서 무언가를 선택해야 할 순간이 왔을 때, 나를 필요로 하는 일이면 무조건 했어요. 아마 다시 태어난다고 해도 활동가의 삶을 선택할 것 같아요."

놀랍다. 힘든 활동가의 길을 다음 생에서 또 걷고 싶다니! 활동가가 되고 싶어서 된 사람도 있지만 잘못된 사회를 바로잡기 위해 어쩌다 보니 활동가가 된 사람이 더 많다. 우리가 원하는 사회는 그렇게 빨리 오지 않는다. 원하는 것을 얻기 위해서는 수많은 사람이 희생하고, 죽음도 각오해야 한다. 그 지난한 투쟁의 최전선에 활동가가 있다.

　　마지막으로 '주어진 시간이 딱 사흘밖에 없다면 무엇을 하고 싶냐'고 물었다. 나에게 똑같은 질문을 한다면 이렇게 말할 텐데, 라며 답을 기다렸더니 정확히 내 생각과 일치하는 대답을 했다.

　　"인생 최대의 술판을 만들어서 사람들과 원 없이 수다 떨고 맛있는 걸 먹겠어요(웃음).**"**

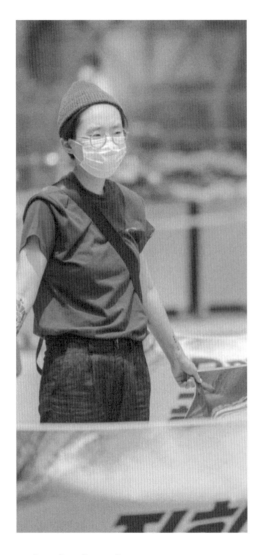

사회가 더
시끌시끌해졌으면 좋겠어요

"저는 중·고등학교 때 공부를 별로 안 했어요. 어머니는 '공부는 안 해도 좋으니까 신문 맨 뒷장 앞면에 보면 사설이 있다. 그것만은 꼭 읽어라'라고 늘 말씀하셨어요. 공부도 안 하는데 신문 읽으라는 말까지 흘려듣기에는 양심이 허락하지 않았어요. 그때부터 사설을 읽기 시작했어요. 처음엔 '까만 건 글씨요, 하얀 건 종이다'라고 생각하며 봤어요. 읽다 보니 조금씩 이해가 됐어요.**"**

인권운동을 오래 한 활동가에게 인터뷰 제안을 했었다. 그는 '활동 경력이 많은 사람은 인터뷰를 많이 했을 테고, 노출도 많이 되었다. 이왕이면 젊은 활동가를 인터뷰하는 게 어떻겠냐'면서 본인 대신 다른 활동가를 소개해 주겠다고 했다. 아차, 싶었다. 며칠 후 다산인권센터에서 활동하고 있는 사월의 연락처를 받았다. 2020년 7월 초, 영등포역 인근 '카페 봄봄'에서 사월(沙月, 활동명)을 만났다.

사월은 신문을 읽으면서 의문이 생겼다. 왜 신문사마다 같은 내용을 다르게 보도할까? TV에서 촛불집회 장면을 보면서 궁금했다. 집회에 참석한 저 사람들은 왜 화가 났을까? 구호는 미리 연습하고 외치는 걸까? 저 사람들은 뭐 하는 사람들이지? 궁금한 게 많았다. 궁금증을 풀기 위해 민주주의란 단어를 검색했다. 첫 번째로 발견한 곳이 참여연대였다. 사는 곳이 경기도였기에 경기도에 있는 단체를 찾았더니 다산인권센터가 나왔다. 그렇게 사월은 다산인권센터와 인연을 맺는다.

메이크업 아티스트가 될 수 없었던 사연

"2008년에 광우병 때문에 촛불집회를 했잖아요. 그때 어머니가 ○○일보, ○○신문을 보라고 했어요. 같은 사건을 다루는데 두 신문의 내용이 달랐어요. '이건 뭐지?' 했죠. 어머니한테 여쭤봤더니 '네가 찾아봐'라고 하셨어요. 뉴스를 보니까 사람들이 촛불을 들고 집회를 하고 있었어요. 저도 집회에 가고 싶어서 친구들에게 같이 가자고 했어요. 그랬더니 공부한다고 안 간대요. 결국 저 혼자 갔어요.

대학에 입학했어요. 하지만 1학년까지 겨우 다니고 2학년을 마치기 전에 그만뒀어요. 메이크업을 전공했거든요. 그만두고 관련된 일을 조금 했어요. 학생들이 졸업사진을 찍거나 배우들 프로필 사진 찍을 때 메이크업 해주는 일을 했어요. 그런데 현장에 가면 뭔가 불편했어요. 여성을 보는 시선과 여성을 대하는 태도가 제가 생각하는 것과 달랐어요. 그 후로 여성단체에서 자원활동을 했어요. 고등학교 때 발견한 다산인권센터를 다시 찾아보니 수원에 있었어요. 지역운동을 하는 게 매력적이었어요. 활동가가 되기로 했어요.

다산에서는 2016년 7월부터 활동했어요. 처음에는 '딱 3년 동안만 잘 버티자'고 다짐했어요. 이곳 경기도는 이주노동자들이 많아요. 이주민 공동대책위가 있어서 문제가 생기면 그분들을 만나서 대응해요. 살면서 한 번도 이주민을 직접 만난 적이 없었는데 다산에서 활동하면서 미등록 이주민들을 많이 만났어요. 사업주가 그분들을 대하는 태도는 폭력적이었어요. 농촌에서 천막 치고 생활하는 분들이 많이 있어요. 천막은 집이 아니잖아요. 그래서 싸웠어요. '비닐하우스는 집이 아니다'라는 운동을 하면서 법 개정하고 그랬어요. 그다음엔 사업주가 컨테이너에서 살래요. 이주민들의 인권 침해가 너무 심각해요.

현장 활동이 재미는 있는데 지금은 좀 지치고 갈증이 생겼어요. 무엇을 어떻게 해야 하나 하는 고민도 있고, 다산에서 활동하는 사람 중에 제가 제일 활동 경험이 적어요. 오래 일한 사람들은 어떤 일이 생겼을 때 발 빠르게 대응하는데 '난 무엇을 할 수 있을까, 나는 어떻게 하면 오래 일한 활동가처럼 감각을 기를 수 있을까' 하는 고민도 있고요."

어떻게 하면 선배들만큼 잘할 수 있을까 고민 중

활동 5년 차가 된 사월은 아직도 자신의 활동이 미덥지 않다. 어떻게 하면 선배들처럼 기민하게 대처하는 감각이 생길까가 늘 고민이다.

"저는 지금 전략조직팀에서 대중을 조직하는 일을 하고 있어요. 지역별, 영역별 간담회를 하고 차별금지법이 필요하다는 것을 알리는 캠페인을 기획하고 있어요. 경기도에서는 인권 조례를 제정할 때, 성 정체성을 알 수 있는 내용이 포함되어 있어서 반대했어요. 이 문제 때문에 지역단체들이랑 어떻게 하면 인권 조례를 재개정할 수 있을까 고민하고 있어요.

여기도 사람이 모인 곳이니까 갈등이나 충돌이 아주 없다고 하면 거짓말이고요(웃음). 갈등을 잘 마주하려고 노력하는 조직이에요. 아침에 오면 인사만 하고 바로 자기 일을 하는데,

그러지 말고 단 10분이라도 차 마시면서 얘기하는 시간을 갖자고 했어요. 요새 실천하고 있어요.

최근에 3년에서 5년 이하의 지역 활동가들이 모여서 '어떻게 하면 지속가능한 활동을 할 수 있을까?'라는 주제로 워크숍을 했어요. 이명박·박근혜 정권 때는 수원이 촛불집회를 제일 오랫동안 했거든요. 촛불 들면서 사람들을 많이 만났는데 촛불이 없어지니까 활동가를 만나기가 어려워요. 워크숍에서 '평등한 조직, 평등한 지역 운동은 어떻게 만들까'라는 고민을 나누고 약속문을 만들었어요. 이것을 선언만 하는 것이 아니라 각자 노력하고 실천하는 것이 중요하다고 생각해요. 활동가들을 만나서 함께 토론하고 격려하면서 많이 배웠어요.

작년에 '인권재단 사람'에서 '지속가능한 활동을 위한 인권활동가 설문조사'를 했어요. 나중에 보고회를 했는데 제가 인터뷰를 했어요. '내가 활동 기간이 짧아서인지 같이 일할 수 있는 사람이 많이 필요하다, 궁금한 거 질문하면 답해줄 사람도 필요하다' 이런 주제로요.

다산에 처음 왔을 때, 선배 활동가들이 여기저기 전화를 걸어서 '이럴 때는 어떻게 할까?' 하고 물어보는 걸 봤어요. 그 모습이 인상적이었어요. 왜냐하면 운동은 혼자 하는 게 아니니까요. '동료 활동가와 관계를 잘 만드는 일이 중요하구나'라는 생각을 했어요. 그러면서 이 활동에 애정이 더 생긴 것 같아요."

인터뷰를 시작한 지 한 시간이 지났을까. 사월의 얼굴에 화색이 돌았다. 사람 만나는 걸 좋아하고 사람들의 이야기를 듣는 것을 좋아하는 활동가였다. 특히 노는 데는 안 빠진다고 했다. '나도 사월과 같은 취향'이라고 하자 거침없이 이야기를 쏟아냈다.

"인권운동 했던 선배들은 현장에 계속 있었으니까 자신들의 경험을 많이 들려주었으면 좋겠어요. 잘못하면 꼰대가 될 수 있지만, 활동 경력, 연차, 이런 거 상관없이 어떤 방식으로 운동을 해왔고, 운동할 때 무슨 고민을 했는지를 얘기해 주면 후배들은 용기가 생겨요. 고민이 해결될 때도 있고요. 저는 큰 그림을 못 그려서 부족하다고 생각할 때가 많아요. 오래된 활동가들은 기획하거나 큰 그림을 그릴 때 어떤것들이 필요한지 금방 캐치할 수 있잖아요. 그런 부분들을같이 공유하고 나눌 수 있었으면 좋겠어요.

선배 활동가들이 건강에 더 신경 썼으면 좋겠어요. 작년, 재작년부터 몸이 안 좋은 활동가가 있다는 말을 종종 들었거든요. 몸과 마음이 건강해야 활동할 수 있다는 생각을 많이해요."

사월은 자신의 활동이 더 풍부해졌으면 하는 마음이 굴뚝같다. 선배들이 경험을 더 많이 공유해주고, 건강을 잘 돌봤으면 좋겠다고 했다. 선배들의 건강을 염려하는 사월의 따뜻한 마음이 내게도 닿아 가슴이 뭉클했다. 사회적 약자와 함께 그들의 편에 서서 세상을 바꿔보려는 사월을 많이 응원해 줘야겠다.

세상이 더 시끌시끌해졌으면

"한국사회는 성소수자에 대한 차별과 혐오가 굉장히 심각하잖아요. 저는 좋아하고 싶고, 친해지고 싶고, 설레는 감정을 동성에게 느꼈어요. 자연스럽게 내가 동성을 좋아하나 보다 생각했어요. 그런데 엄마가 다니는 교회에 갔더니 동성애자를 비난하는 이야기를 하는 거예요. '이건 뭐지? 그럼 내가 이상한 사람인가? 나는 돌연변이인가?' 하는 생각이 들었어요. 이런 나를 사회는 레즈비언이라고 하거나 성소수자라고 부르죠.

저는 훌훌 잘 털어버리는 성격이에요. 자고 일어나면 잊어버리는데 내가 잊어버린다고 해결되는 문제가 아니잖아요. 각자의 성 정체성이 있는데 일반적인 기준과 다르다고 혐오하고 차별하는 사람들이 있으니까요. 그래서 포괄적 차별금지법을 꼭 만들어야 해요.

내가 사회로부터 받은 부당한 대우는 여성이기 때문에 겪었던 일들이 가장 많았던 것 같아요. '여자니까 이래야 돼'라면서 정해진 틀 안에 가두는 거요. 지금은 화장을 안 하고 옷도 편하게 입고 다니지만, 사회는 저에게 여성스러움을 요구해요. 저는 대학을 졸업하지 않아서 고졸이에요. 그런데 사람들은 당연하다는 듯이 '대학교 어디 나왔어?'라고 물어요. 이처럼 당연한 게 아닌데 당연한 것처럼 말하는 것도 폭력이라고 생각해요.

제일 힘들었던 때는 중·고등학교 때였어요. 그때만 해도 학교 체벌이 엄청 심했거든요. 많이 맞았어요. 발목 양말도 신으면 안 되고 머리도 길면 강제로 잘리고, 눈이 내린 운동장에서 기합을 받고. 단지 우리가 학생이라는 이유만으로 우리가 동의하지도 않은 기준을 들이대며 체벌했어요. 잘못한 게 있으면 체벌이 아니라 다른 방법으로 풀어야 하는데 일방적으로 우리를 벌했어요. 학교 다닐 때가 제일 피곤하고 힘들었어요."

1990년대생임에도 더 이전에 학교를 다닌 사람과 별 차이 없는 폭력적인 학교생활을 했다니 놀랍다. 아이들의 생각과 마인드는 하루가 다르게 변하는데, 학교는 아직도 그대로라는 게 믿어지지 않았다. 가슴이 답답했다. 군부독재가 끝났고 유신시절도 아닌데 아이들 머리를 함부로 자르는 학교라니. 그로부터 세월이 조금 지났으니 이제는 그런 학교가 없기를 바란다.

"세상이 좀 더 시끌시끌해졌으면 좋겠어요. 나와 생각이 다른 사람들의 이야기를 들으면서 나와 다른 사람들의 차이점을 발견할 수 있고, 그런 과정을 통해서 낯설지 않은 환경이 만들어지는 거잖아요. 익숙한 환경에서 살고 익숙한 사람들의 이야기만 들으면 변화가 보이지 않죠. 사람을 만날 때도 나는 최근에 이런 생각을 했는데 이 사람은 어떤 생각을 하고 있나, 하는 궁금증 때문에 더 많이 만나게 돼요. 그러면서 관심을 갖게 되고, 조금 지나면 편해져요.

서울에 살고, 사무직 노동자고, 비장애인이고, 이성과 결혼해서 가정을 꾸리고 사는 정형화된 틀 안에 있는 사람들이 아니라, 다양한 선택을 하고, 서로 다른 삶을 인정해 주고, 약자의 편에 서는 사람들이 많았으면 좋겠어요.

요즘은 코로나19 때문에 대면하기 힘들잖아요. 인권운동을 하는 활동가들은 더 고민이 많아요. 사람들을 만나서 해야 할 일이 많은데 못 만나고 있으니까요. 또 한 가지는 집회를 못 하니까 답답해요. 그래서 요즘은 온라인으로 집회하는 방법을 찾고 있어요. 최근에 '닷페이스'라는 플랫폼에서 '우리는 없던 길도 만들지'라는 슬로건으로 온라인에서 '퀴어퍼레이드'를 했어요. 본인 캐릭터 만들고 해시태그 걸고. 처음 경험하는 온라인 집회여서 낯설었지만, 이렇게라도 자긍심을 드러낼 수 있어서 좋았어요.

코로나19 때문에 원래 있었던 문제들이 더 구체적으로 드러나고 있어요. '재난도 차별적으로 오는구나'라는 생각이 들어요. 중증장애인이나 가난한 사람들이 느끼는 재난의 정도와 장애가 없고 집이 몇 채씩 있는 부자들이 느끼는 재난의 정도는 많이 달라요. 예전에 어느 책에서 '재난이 닥쳤을 때 상위 1~10퍼센트 사람들은 그것을 미리 알고 떠난다. 하지만 가난한 사람들은 재난을 피할 방법이 없어서 더 많이 다치고 죽는다'라고 쓴 걸 본 적이 있어요. 감염병이 오니까 사각지대가 많이 보이고 우리 사회가 평등하지 않다는 게 체감이 돼요. K-방역이라는 말로 한국사회의 방역시스템을 긍정적으로만 평가하는데요, 과도하게 개인정보를 수집하고 공개하는 것을 문제 삼지 않는 점은 안타까워요. "

지지와 후원을 기다리며

사회가 정한 기준에 속하지 않고 성소수자 당사자라서 이와 같은 문제가 피부에 와 닿았다. 사월은 사람들에게 활기찬 모습으로 기억되기를 바랐다. 인터뷰가 시작된 지 2시간이 지나자 오랫동안 알고 지낸 사이처럼 허물없는 이야기도 했다. 인터뷰 말미에는 다산인권센터 홍보도 잊지 않았다.

"저를 소개할 때 '다산인권센터 사월이에요'라고 하면 '아, 다산!' 하면서 아는 척하는 게 부담스러웠어요. 다산이 역사도 깊고 좋은 활동가들도 많은 곳인데, 제가 행여 누를 끼칠까 봐서요. 지금까지 다산이 쌓은 시간, 경험, 노력 등을 쭉 보면서 여기서 내가 무엇을 하면 좋을지 발견하고 있어요. 다산은 인권운동의 자리를 묵묵히 지킨 곳이라서 자부심과 애정이 많아요.

3년 후면 다산인권센터를 만든 지 30주년이 돼요. 지금까지의 작업을 잘 정리하는 시간을 가졌으면 좋겠어요. 지난 3월에는 새로운 활동가도 채용했어요. 그분이랑 좀 더 안정적으로 활동할 수 있게 지지하고 후원해 주는 분들이 많았으면 좋겠어요(웃음)."

다산을 후원해 달라는 압박을 느꼈다. 하지만 난 이미 후원하는 곳이 여럿이므로 꿋꿋하기로 했다. 귀한 시간을 내준 답례로 저녁을 먹자고 했으나 입양한 지 3개월밖에 안 된 고양이가 기다린다며 서둘러 자리에서 일어났다. 그리고 못다 한 얘기를 슬쩍 털어놓았다.

"제가 이렇게 활동하게 된 건 엄마의 영향이 커요. 저는 엄마랑 사이가 좋지 않았어요. 엄마의 끊임없는 노력 끝에 2년 전부터 다시 대화를 시작했어요. 생각해보니까 엄마는 지금까지 한 번도 성실하지 않은 적이 없었어요. 일하고 계셔서 저희 자매와 시간을 많이 못 보냈어요. 그래도 틈만 나면 책을 보시고 신문과 뉴스 보는 걸 게을리하지 않았어요. 끊임없이 고민하시고, 한곳에 머무는 사람이 되고 싶지 않다고 하셨어요. 저도 엄마 같은 사람이 되고 싶다는 생각을 했어요.

그런데 저 독립했어요. 3년 전에(웃음)."

무플보다 항의 전화
수백 통이 더 낫더군요

코로나라는 전염병이 창궐한 지 1년이 넘었다. 백신을 맞아도 언제 면역력이 생길지 모른다. 아직 긴장의 끈을 놓아서는 안 된다. 지난해 추석에 만나지 못했던 가족들을 이번 설에도 만나지 못했다. 씁쓸하지만, 당국의 방역지침을 따를 수밖에 뾰족한 수가 없다.

입춘이 지났어도 칼바람이 몰아친 2월 중순, 정성철 활동가를 만나기 위해 용산구에 위치한 빈곤철폐를위한사회연대를 찾았다.

"빈곤사회연대에는 정말 우연한 계기로 왔어요. 편입해서 사회복지학과를 다녔는데 실습할 곳이 마땅치 않았어요. 진보 성향의 기관을 알아보다가 사회복지기관은 아니지만, 빈곤사회연대를 발견하고 실습을 하게 되었어요. 실습이 끝나고 취업을 하려고 했는데 빈곤사회연대 사무국장님이 같이 활동해 보는 건 어떻겠냐는 제안을 했어요. 2014년부터 활동했으니까 벌써 7년이 되었네요."

빈곤사회연대는 2001년 12월 '민중생존권 쟁취와 최저생계비 현실화'를 요구하며 명동성당에서 농성을 시작한 최옥란 열사의 투쟁을 바탕으로 만들어진 단체다. 2004년에는 노동의 불안정화, 민중의 빈곤화에 맞선 광범위한 도시빈민의 연대를 모색하기 위해 '빈곤해결을 위한 사회연대(준)'를 발족했다. 2008년 4월 16일부터는 '빈곤철폐를위한사회연대'로 이름을 바꾸어 활동하고 있다.

하루가 멀다 하고 사건 사고가 터지는 한국사회에서 노동문제 다음으로 빈곤문제가 심각하다. 이에 대한 정부의 대응은 놀라울 정도로 임기응변 식이다. 오죽하면 중대재해기업처벌법 하나 제대로 만들지 못하고, 사고가 가장 자주 발생하는 50인 이하 사업장을 제외한 채 법안을 통과시켰을까.

밀려난 사람들의 인권을 위해서

"빈곤사회연대의 활동을 알기 위해 홈페이지를 살펴봤더니 다양한 활동을 하고 있었어요. 가장 인상 깊었던 것은

2012년 8월부터 광화문에서 시작한 부양의무제도 폐지를 위한 농성이었어요. 빈곤사회연대가 결합하고 있다는 걸 몰랐었는데, 나중에 알고 보니까 같이하고 있었어요.

장애인, 빈민, 홈리스, 철거민, 노점상 등 우리 사회에서 가려지고 밀려난 사람들의 인권을 위해 싸우는 곳이라는 걸 알게 됐어요. 이것들을 다 내 운동으로 받아들이고 같이할 수 있다는 게 좋았어요. 활동을 결심하게 된 가장 큰 이유이기도 하고요.

저는 활동을 시작하기 전에는 사회운동에 큰 관심이 없었어요. 사회복지학과로 편입하기 전에 자동차 정비를 했어요. 마음 한쪽에 누군가의 희생을 딛고 다른 사람이 더 누리는 건 옳지 않다는 생각을 늘 하고 있었어요. 날카롭고 까칠한 성격이었는데 여기 와서 많이 좋아졌어요.

빈곤사회연대가 연대하는 현장은 대부분 심각하고 격렬히 싸워야 할 곳이에요. 큰 집회는 역할 분담이 잘 되어 있지만, 철거 현장이나 노점 현장은 일손이 많이 부족해요. 누군가 선동을 하면 누군가는 앰프를 봐야 하고, 피켓이나 현수막을 들 사람이 없으면 바로 달려가야 하고요. 초기에는 상근 활동가가 2명이었는데 재작년에 4명이 됐어요. 모두 최저임금 받고 활동하고 있죠."

어느 곳은 안 그렇겠냐만, 빈곤사회연대 활동은 특히 그렇다.

눈코 뜰 새 없다는 말이 딱 맞을 정도로 정신없다. 2000년대 초, 내가 '민중복지연대'라는 단체에서 활동할 때 빈곤사회연대와 함께 움직였다. 할 일은 많고 사람은 없어서 고양이 손이라도 빌리고 싶을 때가 한두 번이 아니었다. 20년이 지난 지금도 크게 달라진 것이 없다. 우리 사회의 변화가 그만큼 느리다는 방증이다.

"활동한 지 7년이 지났는데 여전히 어려워요. 구체적인 상황이 계속 바뀌기 때문이죠. 부양의무자 기준이나 장애인 등급제 폐지 문제도 안으로 들어가면 다양한 요구가 있는데, 요구에 맞지 않게 바뀐 것들이 있어요. 사람들의 반응은 계속 변하고 거기에 맞게 따라가려면 힘들어요.

현장에 가면 대부분 고통받는 사람이고, 사망 이슈를 접하면 마음이 많이 힘들어요. 그렇지만 빈곤사회연대는 연대 단체라서 각 단체와 소통하는 일을 하니까 조금 나아요.

빈곤문제에는 많은 것이 얽혀 있어요. 그것들을 다 돌아보고 알기에는 한계가 있어요. 활동을 잘하려면 멀리 봐야 하는데, 저는 단거리 달리기를 하는 사람이에요. 그럼에도 함께 고민하고 함께 싸울 수 있어서 좋아요. 활동가들도 다 좋은 사람들이고."

무플보다는 악플이 나아요

우리 사회의 가장 취약한 곳을 위해 늘 촉각을 곤두세우고 있는 곳이 빈곤사회연대가 아닌가 싶다. 어느 곳 하나라도 소홀히 할 수 없다. 마음은 바쁘지만, 몸은 하나뿐이다. 그럼에도 이곳에서 활동하길 잘했다고 생각하는 정성철은 '내가 과연 쓸모 있는 사람인가'라는 고민에서 '쓸모 있는 사람이 되어야겠다'라는 각오를 다지는 사람으로 변하고 있었다.

" 큰 흐름에서 보면 저의 활동 기간이 긴 것은 아니에요. 어려운 길을 가는 것은 맞는데 빈곤문제가 하루아침에 없어지는 게 아니잖아요. 이렇게 활동해서 좋아지는 것도 있지만, 나빠지는 것도 같이 생겨요.

장애인, 홈리스, 노점상, 철거민 문제 등을 모두 같이 풀어야 총체적인 문제가 나아지는데 그게 아니에요. 저는 어떤 의제에 집중하는 것보다는 문제를 조직화해서 사람들을 만나는 게 중요한 것 같아요. 요즘은 '어떻게 하면 사람들에게 이 문제를 이해시킬 수 있을까' 하는 고민이 생겼어요.

지난 설날 연휴 첫날에 전국장애인차별철폐연대(아래 전장연)의 장애인 활동가 100여 명이 당고개역에서 서울역까지 이동권 투쟁을 했어요. 휠체어 탄 장애인 활동가와 함께 지하철을 타고 '모든 지하철 역사에 엘리베이터를 설치하라'

고 외쳤죠.

　서울 지하철 역사에 엘리베이터가 없는 곳이 아직 13개나 되거든요. 이 싸움을 하고 SNS에 공유했는데, 댓글이 많이 달렸어요. 전장연 사무실에는 전화가 몇백 통씩 왔고요. 시민들의 항의 댓글과 항의 전화였죠. 그래도 무플(무관심)보다는 악플(비난)이 낫다고, 한편으로는 반가웠어요(웃음).

　이번 일을 겪으면서 어떻게 하면 대중에게 더 설득력 있게 다가가는 활동을 할 수 있을까를 심각하게 고민했어요. 무조건 우리가 옳다고 행동하면 공감을 받기 어려워요. 개별적인 움직임보다는 단체 행동으로 설득력을 높여야 할 것 같아요. 빈곤문제를 겪고 있는 사람들을 어떻게 조직할 것인가 하는 고민이 제일 커요.

　빈곤문제가 과거처럼 도시빈민에 국한되는 게 아니고, 다양하고 광범위하게 생기고 있잖아요. 이런 것을 함께 이야기할 수 있는 자리를 만들어야 하는데 아직 못 하고 있어서 아쉬워요. ”

아직은 젊고, 더 희망찬 미래를 꿈꿀 시기에 '활동가'라는 가시밭길을 선택한 정성철이 안쓰러웠다. 물론 본인이 선택한 길이니, 누구의 잘못도 아니고 안타까운 일도 아니다. 그렇지만 기성세대가 좀 더 살기 좋은 사회를 만들어 놓았다면, 정성철은 다른 길을 걷고 있지 않았을까. 활동가의 삶은 생각보다 우울하고 어두운 시간을 보낼 때가 많아서다. 왠지 미안한 마음이 들었다.

가난을 증명해야 하는 시대, 그럼에도

❝정부가 내놓은 대책들은 너무나 차별적이에요. 홈리스, 장애인, 쪽방 주민들은 그렇지 않아도 취약계층인데, 코로나로 재난이 중첩된 거잖아요. 이들에게 적절한 주거 대책을 마련하라고 계속 얘기했는데 들어주지 않았어요. 코로나가 닥친 지 1년이 넘어가고 있는 지금도요. 최소한의 방역지침을 지킬 수 있는 공간과 개별 화장실이 있어야 하는데, 그런 환경을 갖춘 주거를 제공하지 않아 위험에 그대로 노출되고 있어요.

거리 홈리스는 더 심각해요. 코로나 방역을 이유로 지하철역, 서울역 대합실에서 다 쫓아냈어요. '접근금지' 띠 두르고 '노숙금지' 팻말 붙이고, 의자 다 없애고. 최근에는 대합실 TV 소리도 무음으로 하고 뉴스도 안 틀어줘요.

코로나가 장기화되고 있고, 대유행이 가라앉지 않아서 어쩔 수 없다고 하지만 최소한의 생존권은 보장해야 하잖아요. 무료급식소마저 문을 닫으니 밥 먹을 곳이 없어요. 민원이 빗발쳐서 급식소가 다시 문을 열었지만, 코로나 검사증을 받아 와야 밥을 먹을 수 있어요.

검사는 한 번만 받는다고 끝이 아니에요. 일주일에 한 번씩 매주 받아야 해요. 유효기간이 하루만 지나도 밥을 못 먹어요. 다시 검사받고 음성이 나와야만 밥을 먹을 수 있어요. 검사 결과 나올 때까지 굶는 거죠. 빵이나 음료수를 준다고 해도 인간적으로 차별하는 것 같아서 화가 나요."

짐작만 했던 정부의 취약계층 재난 대처법을 듣고 나니 기가 막혔다. 역병을 원망해야 할지, 당국을 원망해야 할지, 사람을 원망해야 할지, 가난을 원망해야 할지. 무엇을 원망한다고 한들 화가 안 날까. 이러다가는 전염병에 걸리는 것보다 화병이 먼저 날 것만 같다. 이런 참혹한 현실을 가장 가까이에서 보고 듣는 정성철의 마음은 오죽할까. 웬만해선 티 내지 않는 그의 얼굴에 먹구름이 끼었다.

"작년하고 올해는 저뿐만 아니라 다들 힘드니까 티 내지 않으려고 했어요. 그런데 상황이 계속 안 좋아지니까 저도 제어하기가 힘들더라고요.

빈곤사회연대에 오지 않았다면 계속 불편한 마음으로 살았을 거예요. 가난한 사람들의 목소리를 들을 수 없었을 것이고, 싸우고 있는 사람들이 왜 싸우고 있는지 몰랐을 거예요. 물론 그들의 목소리를 들었다고 다 이해할 수는 없지만, 인권감수성이 좋아진 것은 분명해요. 아직 부끄러운 수준이지만, 모두가 동등한 삶을 꾸리고 조금이라도 덜 불편한 사회를 만들기 위해 활동하고 있고, 그 과정에서 많이 배우고 있어요.

서른 살이 되면 단단한 사람이 되어 있을 줄 알았어요. 그런데 서른하고도 세 살을 더 먹었는데 아직도 잘 모르겠어요. 단단함이 무엇인지, 유연함이 무엇인지."

정성철은 노래 부르는 걸 좋아한다고 했다. 그런데 2~3년 전에 성대결절이 와서 지금은 노래를 못 하고 있다고 한다. 코로나가 종식되면 정성철과 함께 어깨 걸고 민중가요 〈어머니〉를 부르고 싶다.

사람 사는 세상이 돌아와 너와 내가 부둥켜안을 때
모순덩어리 억압과 착취 저 붉은 태양에 녹아버리네
사람 사는 세상이 돌아와 너와 나의 어깨동무 자유로울 때
우리의 다리 저절로 덩실 해방의 거리로 달려가누나
아아~ 우리의 승리 죽어간 동지의 뜨거운 눈물
아아~ 이글거리는 눈빛으로 두려움 없이 싸워나가리
어머니 해맑은 웃음의 그날을 위해.

사랑하고 있기 때문에

초판 1쇄 발행 2021년 8월 23일

지은이	문세경
펴낸이	문채원

펴낸곳	도서출판 사우
출판등록	2014-000017호
주소	서울시 양천구 목동동로 50, 1223-508
전화	02-2642-6420
팩스	0504-156-6085
전자우편	sawoopub@gmail.com

ISBN 979-11-87332-69-5 (03330)

이 도서는 한국출판문화산업진흥원의
'2021년 우수출판콘텐츠 제작 지원' 사업 선정작입니다.